Ronald Dienstmann

LAUFEN
WERFEN
BALANCIEREN

111 SPIELE-HITS
zur Motorikförderung

Verlag an der Ruhr

Impressum

Titel der deutschen Ausgabe:
Laufen, werfen, balancieren –
111 Spiele-Hits zur Motorikförderung

**Titel der amerikanischen Original-
ausgabe:** Games for motor learning –
111 fun activities for growing brains

© **der amerikanischen Original-
ausgabe:** Ronald Dienstmann,
Human Kinetics, 2008

Autor: Ronald Dienstmann

Titelbildfoto:
© Monkey Business/fotolia

Illustrationen: Keri Evans

Übersetzung: Sebastian Hölscher

Bearbeitung für Deutschland:
Verlag an der Ruhr

Druck: AALEXX, Großburgwedel

Verlag: Verlag an der Ruhr
Alexanderstraße 54
45472 Mülheim an der Ruhr
Postfach 10 22 51
45422 Mülheim an der Ruhr
Tel.: 02 08 / 4 39 54 50
Fax: 02 08 / 4 39 54 239
E-Mail: info@verlagruhr.de
www.verlagruhr.de

© **der deutschen Ausgabe**
Verlag an der Ruhr 2009

ISBN 978-3-8346-0560-3

**geeignet für
die Altersstufe** 5 **6 7 8 9 10** 11

Die Schreibweise der Texte folgt der
neuesten Fassung der Rechtschreib-
regeln – gültig seit August 2006.

Gedruckt auf chlorfrei gebleichtes
Papier.

Wir sind seit 2008 ein ÖKOPROFIT®-
Betrieb und setzen uns damit aktiv
für den Umweltschutz ein. Das
ÖKOPROFIT®-Projekt unterstützt
Betriebe dabei, die Umwelt durch
nachhaltiges Wirtschaften zu ent-
lasten.

Inhaltsverzeichnis

KAPITEL 1:
Laufen, gehen, robben – Aktivitäten und Spiele zu Fortbewegungsarten

KAPITEL 2:
Werfen, fangen, dribbeln – Spielmaterialien handhaben

Inhaltsverzeichnis

KAPITEL 3:
Balancieren und das Gleichgewicht halten – Übungen und Spiele zu Stabilität und Balance

KAPITEL 4:
Kombinierte Bewegungsübungen und -spiele

KAPITEL 5:
Bewegungs-Abenteuer

Ausführliche Spieleübersicht

Die folgende Tabelle ordnet den Spielen aus **Kapitel 1: Laufen, gehen, robben** die jeweils geförderten Fähigkeiten zu.

Spiel	Vorstellung	Teamwork	Stat. Gleichgew.	Dyn. Gleichgew.	Balancieren	Seilspringen	Hoola-Hoop	Auge-Hand-Koord.	Dribbeln, Prellen	Bälle schlagen	Werfen, Fangen	Bälle schießen	Reaktion	Orientierung	Geschicklichkeit	Robben	Springen, Hüpfen	Gehen	Laufen	Freies Erkunden	Div. Fertigkeiten
Bewegen und Begrüßen (S. 24)																					×
Sicheres Laufen … (S. 26)														×					×		
Der Gummigang (S. 27)	×																	×			
10-mal anders rüber (S. 28)																				×	
Bus fahren (S. 29)																				×	
Fröhliche Füße (S. 30)															×						
Rotierende Sterne (S. 31)																				×	
Reisegruppe und … (S. 32)		×																		×	×
Wildpferde (S. 33)																	×				
Verrückte Züge (S. 34)																					×
Fangen im Zoo (S. 36)																				×	
Das Käferspiel (S. 38)																				×	
Laufen, laufen, laufen (S. 39)																			×		×
Marsmission (S. 40)																		×		×	×
Sprungland (S. 41)														×	×		×				
Schlangen, Ratten und Roboter (S. 42)															×						
Einfrieren und auftauen (S. 44)																×			×		

	Verwandlungen (S. 46)	Bauern und Hühner (S. 47)	Mücken, Bären und Lachse (S. 48)	Fangen auf Linien (S. 50)	Königsburg (S. 52)	Krieg sie alle! (S. 54)	Schlangenjäger (S. 55)	Jagd im Hühnerstall (S. 56)	Adler und Schildkröten (S. 58)	Bakterienjagd (S. 59)	Außerirdische und Menschen (S. 60)	10-Sekunden-Fangen (S. 62)	Setz dich! (S. 64)	**Kapitel 2: Werfen, fangen, dribbeln**	Mit Sportmaterialien umgehen … (S. 66)	Was die Turnhalle hergibt (S. 67)	Geräte-Spaß-Parcours (S. 68)
Vorstellung																	
Teamwork																	
Stat. Gleichgew.																	
Dyn. Gleichgew.																	
Balancieren																	
Seilspringen																	
Hoola-Hoop																	
Auge-Hand-Koord.																	
Dribbeln, Prellen																	
Bälle schlagen																	
Werfen, Fangen												×					
Bälle schießen																	
Reaktion			×									×					
Orientierung																	
Geschicklichkeit					×		×	×		×	×		×				
Robben						×											
Springen, Hüpfen																	
Gehen						×											
Laufen		×	×	×	×		×	×	×	×	×	×	×				
Freies Erkunden	×																
Div. Fertigkeiten	×														×	×	×

	Forscherteams (S. 69)	Schusstraining (S. 70)	Wurftraining (S. 71)	Mein Lieblingskunststück (S. 72)	10 Methoden, einen Ball ... (S. 73)	Fang was! (S. 74)	Der Tast-Test (S. 76)	Reifenspaß (S. 77)	Hula-Torwart (S. 78)	Superkreisel (S. 80)	Hoch damit! (S. 82)	Luftballontennis (S. 83)	Hoch und weg! (S. 84)	Ein halbes Dutzend Eier (S. 86)	Sieben Würfe (S. 88)	Schneller als der Luftballon (S. 90)	Sternchen treffen (S. 91)
Vorstellung																	
Teamwork	×											×	×				
Stat. Gleichgew.																	
Dyn. Gleichgew.																	
Balancieren															×		
Seilspringen															×		
Hoola-Hoop									×	×					×		
Auge-Hand-Koord.						×			×		×	×	×			×	
Dribbeln, Prellen				×													
Bälle schlagen				×								×	×				×
Werfen, Fangen			×	×		×			×	×	×			×	×		×
Bälle schießen		×															
Reaktion										×							
Orientierung																	
Geschicklichkeit							×								×		
Robben																	
Springen, Hüpfen												×	×				
Gehen																	
Laufen										×							
Freies Erkunden	×				×			×									
Div. Fertigkeiten																×	

	Scheiben-Jagd (S. 92)	Immer in Bewegung (S. 93)	Das Feld räumen (S. 94)	Fußbälle dribbeln und stoppen (S. 95)	Höhlenmenschen-Fußball (S. 96)	Kreuzfeuer (S. 98)	Megafußball (S. 100)	Tunneln (S. 102)	Extremfußball (S. 103)	Der heiße Ball (S. 104)	Wilde Jagd (S. 105)	Nudel-Bohnen-Eintopf (S. 106)	Aufwärm-Prellen (S. 107)	Prelljagd (S. 108)	Achte auf die Farbe! (S. 110)	Einmal aufspringen lassen (S. 111)	Bis 10 bist du frei (S. 112)
Vorstellung																	
Teamwork																×	
Stat. Gleichgew.																	
Dyn. Gleichgew.																	
Balancieren																	
Seilspringen																	
Hoola-Hoop																	
Auge-Hand-Koord.	×									×					×		
Dribbeln, Prellen				×	×			×	×				×	×	×		×
Bälle schlagen														×			
Werfen, Fangen	×									×	×	×		×			
Bälle schießen			×		×	×			×						×		
Reaktion					×					×							
Orientierung																	
Geschicklichkeit	×													×			
Robben																	
Springen, Hüpfen					×												
Gehen																	
Laufen		×	×					×		×	×	×		×	×	×	×
Freies Erkunden																	
Div. Fertigkeiten						×			×			×					

Die letzten sechs Spalten gehören zu **Kapitel 3: Balancieren und das Gleichgewicht halten**.

	Basketball für alle (S. 114)	Basketballon (S. 116)	Zusammen über das Netz (S. 117)	Spring und fang (S. 118)	Triff oder hüpf! (S. 120)	Kinderkegeln (S. 122)	Murmeln (S. 123)	Tuchball (S. 124)	Eier ins Körbchen (S. 126)	Tag des Gleichgewichts (S. 128)	Aufwärmen im Gleichgewicht (S. 129)	Gleichgewichtsskulpturen (S. 130)	Schubkarre (S. 131)	Brücken überqueren (S. 132)	Nicht auf die Linie! (S. 133)
Vorstellung															
Teamwork	×	×	×	×							×		×		
Stat. Gleichgew.										×	×	×	×		
Dyn. Gleichgew.						×				×	×		×	×	×
Balancieren															
Seilspringen					×										
Hoola-Hoop															
Auge-Hand-Koord.		×		×			×								
Dribbeln, Prellen	×	×													
Bälle schlagen			×												
Werfen, Fangen	×	×		×	×	×			×						
Bälle schießen			×												
Reaktion						×									
Orientierung															
Geschicklichkeit															
Robben															
Springen, Hüpfen				×	×										
Gehen															
Laufen			×		×										
Freies Erkunden															
Div. Fertigkeiten				×			×	×							

	Partnergymnastik (S. 134)	Zeitlupenabenteuer (S. 137)	Schwebebalkenball (S. 138)	Menschlicher Hinderniskurs (S. 139)	Gruppengleichgewicht (S. 140)	Was ist denn da am Schuh? (S. 141)	Bäume im Wind (S. 142)	Kopf-Transporter (S. 144)	Affenjäger (S. 146)	Blindschleichen, Geier … (S. 148)	Kapitel 4: Kombinierte Bewegungsübungen und -spiele	Bewegtes Gruppenpuzzle (S. 150)	Erinnerungsreise (S. 151)	Teamwork-Ecken (S. 152)	Bewegungs-Memory® (S. 153)	Gehirnsport (S. 154)
Vorstellung		×														
Teamwork														×	×	
Stat. Gleichgew.	×	×	×	×	×	×			×	×						
Dyn. Gleichgew.	×	×	×	×			×	×								
Balancieren				×			×	×								
Seilspringen																
Hoola-Hoop																
Auge-Hand-Koord.																
Dribbeln, Prellen																
Bälle schlagen																
Werfen, Fangen																
Bälle schießen																
Reaktion																
Orientierung																
Geschicklichkeit																
Robben										×						
Springen, Hüpfen																
Gehen																
Laufen						×	×	×	×	×						
Freies Erkunden													×		×	
Div. Fertigkeiten				×						×		×	×	×	×	×

	Drehbuch (S. 155)	Bildhauer (S. 156)	Actionabenteuer (S. 157)	Musikalischer Aufgabenkreis (S. 158)	Scharaden (S. 160)	Partnerscharaden (S. 161)	Die Geschichte meines Lebens (S. 162)	Das 2-Minuten-Spiel (S. 163)	Menschliche Maschinen (S. 164)	Liegevolleyball (S. 165)	Alle für einen (S. 166)	2+2-Eiskrem (S. 168)	Kapitel 5: Bewegungs-Abenteuer	Das erste … Ferienabenteuer (S. 170)	Das zweite … Ferienabenteuer (S. 172)
Vorstellung	×		×		×	×	×					×		×	×
Teamwork		×							×	×	×				
Stat. Gleichgew.		×													
Dyn. Gleichgew.															
Balancieren															
Seilspringen														×	
Hoola-Hoop														×	
Auge-Hand-Koord.											×				
Dribbeln, Prellen															
Bälle schlagen										×	×				
Werfen, Fangen														×	
Bälle schießen										×					
Reaktion															
Orientierung															
Geschicklichkeit															
Robben															
Springen, Hüpfen															
Gehen															
Laufen												×			
Freies Erkunden	×		×	×	×	×	×	×	×		×			×	×
Div. Fertigkeiten	×		×	×	×	×	×	×	×			×		×	×

Die Bedeutung von Bewegung

Viele Kinder **bewegen sich zu wenig**, ob dies nun an zu wenig Spielmöglichkeiten, an spannenden Computerspielen, an schulischen oder häuslichen Bedingungen liegt. Dies kann zu ganz **unterschiedlichen Mängeln bis hin zu motorischen Auffälligkeiten führen**. Denn ausreichende Bewegungserfahrungen sind u.a. wichtig für

* die motorische Sicherheit,
* die Entwicklung der Wahrnehmung,
* die Raumerfahrung und -orientierung,
* die emotionale und soziale Entwicklung,
* die Handhabung von Gegenständen,
* die Entwicklung der Fantasie (im Ausdenken von Spielen, Varianten, Bewegungsmöglichkeiten),
* die neuronale Vernetzung,
* die Persönlichkeitsentwicklung und das Selbstbewusstsein.

Damit Kinder Freude daran haben, ihre motorischen Fähigkeiten zu entdecken und weiterzuentwickeln, sind folgende Punkte wichtig:

Eine lernförderliche Atmosphäre

Sich angenommen zu fühlen, ist für das Lernen von nicht zu unterschätzender Bedeutung. Rein **wettbewerbsorientierte Spiele** können Kinder unter Druck setzen und ihnen die Freude an sportlicher Aktivität nehmen. Allzu oft lassen sie den Kindern nur die Alternative zwischen „Kampf" und „Flucht". **Negative Erfahrungen in Sportunterricht** oder Vereinen sind nicht selten der Grund dafür, dass Kinder und Jugendliche sich ganz vom Sport abwenden.
Im Vordergrund stehen sollte eine **wertschätzende Atmosphäre**, in der jeder sich ausprobieren kann und etwas zur Leistung der Gruppe/Mannschaft beitragen kann.
Daher wird in diesem Buch großer Wert auf möglichst nicht-wettbewerbsorientierte Spiele gelegt, die auch das kooperative und soziale Lernen fördern (s. auch Seite 17 – 19). Bei den Wettbewerbsspielen dieses Buchs kann jeder *seinen* Beitrag zum Mannschaftserfolg leisten.

Spielerisches und stressfreies Lernen

Langweilige Übungen motivieren schon bewegungsfreudige Kinder kaum. Für alle Kinder, nicht nur für diejenigen mit Schwierigkeiten im motorischen Bereich, ist es daher wichtig, ihre Fähigkeiten in einer **motivierenden, spielerischen Atmosphäre** zu erproben.

Kinder brauchen Zeit, Gelegenheiten und gute Rahmenbedingungen für **eigene Experimente mit motorischem Lernen**. Nur so können sie sich auch weiterentwickeln. Geben Sie den Kindern außerdem vielfache Gelegenheiten, eigene Varianten zu Bewegungen, Übungen oder Spielen zu entwickeln (siehe auch Seite 16/17).

Bewegungslernen für alle

Dieses Buch will einen Beitrag dazu leisten, **allen Kindern vielfältige Bewegungserfahrungen zu ermöglichen**. Es ist daher nicht als ein Handbuch für **Sportförderstunden** zu verstehen. Die vielfältigen Anregungen für Spiele und Übungen können Sie dort genauso einsetzen wie in der **Klassen-Sportstunde**. Viele Spiele eignen sich auch für den **Nachmittagsbereich** oder die **Freizeit** und können in der Halle oder draußen gespielt werden.

Kinder mit motorischen Auffälligkeiten

Wenn Ihnen auffällt, dass ein Kind besondere Schwierigkeiten hat, eine bestimmte Fertigkeit auszuführen, sollten Sie zunächst herauszufinden versuchen, welche Gründe dies haben könnte. Einfach mangelnde Übung, physische Störungen aber auch emotionale Vorbehalte – die möglichen **Gründe** sind vielfältig.

Versuchen Sie sich allerdings nicht an medizinisch-sportwissenschaftlichen Diagnosen, wenn Sie dafür nicht ausgebildet sind! Eine gute Möglichkeit ist, das Kind genau zu **beobachten**, gezielt Spiele anzubieten, die eine bestimmte Fertigkeit fördern, und dem Kind hier mögliche Hilfen anzubieten.

Stellt sich keinerlei Veränderung ein, sollten Sie zunächst die Eltern ansprechen, und ggf. Fachleute zu Rate ziehen. Eventuell benötigt das Kind Hilfen, die Sie allein im Rahmen von Schule, Ganztag oder Verein nicht leisten können.

Zu den motorischen Bereichen in diesem Buch

Die Übungen sind **eingeteilt in unterschiedliche Bewegungsbereiche,** die sie schwerpunktmäßig fördern. Da sie allerdings immer spielerisch sind, ergibt sich automatisch auch eine Integration verschiedener Bereiche.

KAPITEL 1:

Laufen, gehen, robben – Aktivitäten und Spiele zu Fortbewegungsarten

Bei diesen Spielen und Übungen geht es vor allem darum, unterschiedliche Fortbewegungsarten auszuprobieren, zu üben und zu entwickeln. Darunter fallen:

* **Gehen** (in unterschiedlichem Tempo, vor-/rück-/seitwärts, Füße kreuzen)
* **Laufen** (in unterschiedlichem Tempo, Fangen, mit gebeugtem Oberkörper, Slalom, zwischen und über Hindernisse, anderen Mitspielern ausweichen, kombiniert mit anderen Bewegungen, z.B. der Arme, mit anderen gemeinsam)
* **Springen** (in die Hocke, aus der Hocke, beidbeinig, einbeinig, vorwärts, rückwärts, seitwärts, mit Drehungen, Hindernisse aus dem Stand oder dem Laufen überspringen, einbeinig/beidbeinig Hüpfen, Hocksprünge, kombiniert mit anderen Bewegungen/Gegenständen, z.B. Seilspringen)
* **Robben, Hindurchwinden, Vierfüßlergang**
* **Koordinationsübungen** (z.B. Hampelmann)

Es ist also der gesamte Bereich der Lokomotorik betroffen. Hierbei bilden die Kinder auch ihre Ausdauer, Schnelligkeit und Beweglichkeit weiter aus.

KAPITEL 2:

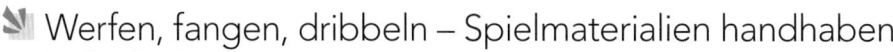

Werfen, fangen, dribbeln – Spielmaterialien handhaben

Hier geht es um manipulatorische Aktivitäten, also um die Handhabung von Spiel- und Sportmaterialien. Größere Geräte wurden hier ausgeklammert.

* **Werfen und Fangen** (Bälle/Gegenstände unterschiedlicher Größe/unterschiedlichen Gewichts, von oben, von unten, Zielwürfe, Passen, über bestimmte Entfernungen, Ball in der Luft halten)
* **Dribbeln** (Dribbeln mit dem Fuß, Prellen mit der Hand, um Hindernisse herum, mit Störungen, mit unterschiedlichen Bällen)
* **Schlagen und Schießen von Bällen** (mit der Hand, mit dem Fuß, mit den Fingern, mit Schlägern, auf ein Ziel)

❋ **Kombinierte Bewegungsabläufe** (z.B. Laufen und dann Abwerfen, Prellen und gleichzeitig Stören)

Hierbei werden Fähigkeiten wie die Blickregulierung, die Auge-Hand-Koordination, Schnelligkeit, Reaktionsfähigkeit, die Hand- und Fußgeschicklichkeit, Kraft und Kooperationsfähigkeit gefördert.

KAPITEL 3:

⟍ Balancieren und das Gleichgewicht halten – Übungen und Spiele zu Stabilität und Balance

Das Kapitel enthält Aktivitäten zum statischen und dynamischen Gleichgewicht.
❋ **Gleichgewicht halten** (alleine, mit Partner, in unterschiedlichen Positionen, für unterschiedlich lange Zeit)
❋ **Balancieren** (über Balken, Linien, Seile am Boden, mit Gegenständen auf Armen, Kopf etc., gemeinsam mit einem Partner, mit Störungen)
❋ **Kombinierte Abläufe** (z.B. aus dem Laufen in eine Gleichgewichtsposition kommen)

Dies fördert Koordination, Körperkontrolle, Körperbewusstsein und Ausdauer, je nach Übung auch Kooperationsfähigkeit und Kraft

KAPITEL 4:

⟍ Kombinierte Bewegungsübungen und -spiele

Hier sind Aktivitäten und Spiele versammelt, die sich nicht schwerpunktmäßig einem Bewegungsbereich zuordnen lassen. Es werden möglichst viele Bereiche in **komplexeren Bewegungsabläufen** miteinander verbunden.

KAPITEL 5:

⟍ Bewegungs-Abenteuer

Hier finden Sie einige beispielhafte **Bewegungsgeschichten**, zu denen die Kinder vielfältige eigene Bewegungen entwickeln können. Nach diesem Modell können Sie eigene Bewegungs-Abenteuer für die Bedürfnisse Ihrer Gruppe erfinden.

Theoretische Hintergründe der Spiele und Aktivitäten

Die in diesem Buch vorgestellten Vorschläge basieren auf einer langjährigen Erfahrung als Trainer und Sportlehrer und auf einer Auseinandersetzung mit besonders **drei Theoriekonzepten**, die hier miteinander kombiniert werden: der **Schematheorie nach Schmidt**, dem **kooperativen Lernen** und der **Hirnforschung**. Diese drei Bereiche finden sich in meiner **Grundthese** wieder:

Variable Bewegungserfahrungen und -experimente fördern auch kooperatives Lernen. Die so entstehende stressfreie Lernumgebung fördert wiederum den Lernprozess selbst, die Lernfreude und die langfristige Festigung motorischer Fertigkeiten.

Sie können einfach mit dem Buch in die Sporthalle gehen, ein Spiel aussuchen und **direkt mit den Kindern loslegen**. Um jedoch die **Hintergründe zu verstehen**, wieso diese Spiele und Übungen so und nicht anders sind, ist dieses Kapitel sicher von Nutzen.

Die Schema-Theorie nach Schmidt

Richard A. Schmidt hat die Schema-Theorie 1975 vorgestellt. Ein Schema ist für ihn ein Charakteristikum einer Gruppe von Objekten oder Handlungen, das aus einer Reihe von Regeln besteht, nach denen ein prototypisches Objekt der Gruppe hervorgebracht werden kann. Das bedeutet, dass **ein Schema eine Art mentale Grundanleitung** darstellt, einen Satz von Grundregeln, die es erlauben, eine bestimmte Fertigkeit auszuüben.
Um beispielsweise Tennis zu spielen, müssen die Spieler nicht erst jede nur denkbare Art und Weise lernen, einen Schläger festzuhalten und einen Ball zu schlagen – sonst kämen sie nie zu einem Spiel. Es muss demnach eine Art **Grundanleitung „Schläger halten und Ball schlagen"** geben, ein Schema also. Je mehr Möglichkeiten die Spieler haben, unterschiedliche Haltungen und Schlagtechniken auszuprobieren und selbst zu erfahren (z.B. aus unterschiedlichen Positionen heraus, mit unterschiedlichem Kraftaufwand), desto sicherer und flexibler wird sich ein Schema dieser Aktivität ausbilden. Die gesammelten Erfahrungen erlauben den Spielern dann auch, Bewegungen auszuführen, die sie noch nie geübt haben, und unzählige Variationen zu entwickeln.
Die Schematheorie bezieht sich auf eigenständige, kurze Handlungen, wie Schießen, Werfen oder Springen. Das Schema ist also eine Art **grundsätzliches**

motorisches Programm – weder ein Ablauf von Reflexen noch das Resultat endlosen Übens der gleichen Bewegung. Ein Schema entwickelt sich aus dem variantenreichen Üben einer Aktivität aus derselben Bewegungsklasse (z.B. Springen, Werfen oder Fangen), aus den Körper-, Sinnes-, Raum- und Bewegungserfahrungen, die man in den unterschiedlichen Situationen gemacht hat. Bei der Arbeit mit Kindern geht es also nicht darum, ihnen die beste Weise beizubringen, eine Aktivität durchzuführen. Es geht darum, sie (unter fachkundiger Begleitung) ihren eigenen besten Weg finden zu lassen, indem man sie zu **vielfältigen Variationen** ermutigt. Diese Fähigkeit ist auch generell bei kreativen Herangehensweisen an Problemlösungen von Bedeutung.

Kooperatives Lernen

Das kooperative Lernen ist das **philosophische und pädagogische Fundament** der meisten Spiele in diesem Buch. Im Bereich der Bewegungserziehung kann man kooperatives Lernen auf die Formel „miteinander spielen, nicht gegeneinander" bringen, auch wenn das natürlich eine starke Vereinfachung ist. Man sollte das natürliche Verhalten der Kinder, miteinander zu **wetteifern**, nicht einfach außer Acht lassen. Es ist ja zutiefst menschlich und auch wichtig. Das Ziel ist, Bedingungen zu schaffen, in denen kooperatives Verhalten in Erscheinung treten und sich entwickeln kann.

Im Sportunterricht sollte der Schwerpunkt nicht auf dem Wettkampf liegen und darauf, wer der oder die Stärkste, Schnellste oder Beste ist. Zu viele Kinder werden dann Misserfolge erleben. Kinder, die eine wettkampforientierte Atmosphäre zu Höchstleistungen anspornt, haben in außerunterrichtlichen Sportveranstaltungen ausreichend Möglichkeit, sich zu engagieren.

Die Spiele und Übungen in diesem Buch sind darauf ausgerichtet, alle Kinder einer Klasse mit ihren unterschiedlichen Fähigkeiten einzuschließen und die **motorischen Fertigkeiten aller weiterzuentwickeln**.

Kooperatives Lernen im Sport bedeutet:

❋ Die Leistung des einen beinhaltet nicht das Scheitern des anderen.
❋ Der Druck, der Beste zu sein und andere auszustechen, entfällt.
❋ Honoriert wird gute Zusammenarbeit und gegenseitige Unterstützung, um gemeinsam die beste Leistung zu erzielen (z.B. wenn die Gruppe versucht, gemeinsam eine bestimmte Punktzahl zu erreichen).

✳ Die Kinder erfahren, dass es ausreicht und Spaß macht, sein Bestes zu geben.
✳ Der Einzelne *und* die Gruppe wird gestärkt, dadurch, dass alle eingeschlossen sind.
✳ Die Aufgabe selbst wirkt motivierend, nicht die extrinsische Motivation, zu gewinnen.
✳ Die Kinder erhalten reichlich Gelegenheit, Schlüsselqualifikationen zu üben, wie Teamwork, Kommunikationsfähigkeit, Aufgaben zu verteilen, Verantwortung zu übernehmen oder Probleme zu lösen.

Dies hat auch Einfluss auf die Bewertung: Es kommt weniger auf messbare Ergebnisse als auf persönliche Anstrengung und auf das Gruppenverhalten an.

Die fünf Säulen des kooperativen Lernens

Grundlegend sind hier die Schriften von Johnson, Johnson und Smith, die eine sehr gute und grundlegende Einführung bieten (siehe Literaturtipps S. 175). Die folgende Einteilung der wichtigsten Charakteristika kooperativen Lernens stammt auch von ihnen.

✳ **Positive gegenseitige Abhängigkeit:** Jeder kann und soll seinen Teil zur Gruppenaktivität beitragen. Die Gruppenmitglieder hängen alle voneinander ab, um ihr Ziel erfolgreich umzusetzen.
✳ **Miteinander interagieren:** Um miteinander zu interagieren und zu kommunizieren, eignen sich kleine Gruppen, die über die Dauer der Aufgabe zusammenbleiben, am besten. Erinnern Sie die Kinder immer wieder an den Augenkontakt beim Sprechen, an angemessene Lautstärke („Dreißig-Zentimeter-Stimme") und daran, sich abzuwechseln.
✳ **Individuelle Verantwortung:** Da jeder für das Gruppenergebnis mitverantwortlich ist, muss auch jeder auf eine Vorstellung der Gruppenarbeit ansprechbar sein. Hierbei geht es nicht so sehr um Notenfindung, sondern darum, dass die Kinder alles verstanden haben und ihr Bestes zu geben bereit sind.
✳ **Sozialkompetenz:** Sozialkompetenz müssen Kinder auch erst lernen. Hierzu ist es sinnvoll, auch eigene Stunden anzusetzen, um z.B. Zuhören, Diskussionsleitung oder Sich-Abwechseln zu üben.
✳ **Gruppenreflexion:** Kinder lernen von Erfahrungen weniger, wenn sie nicht auch darüber nachdenken – und zwar gemeinsam, während und nach der Aktivität.

Wettbewerb trotz kooperativen Lernens?

Ganz auf Wettbewerbselemente zu verzichten, ist auch nicht sinnvoll, da Kinder einen Drang haben, miteinander zu wetteifern. Daher gilt es hier umso mehr, grundlegende Prinzipien zu beachten:

* Planen Sie Wettbewerbsspiele besonders sorgfältig, da Kinder im Bemühen, zu gewinnen, manchmal sich und andere in Gefahr bringen.
* Lassen Sie Wettbewerbssituationen nur zu, wenn alle Wettbewerber oder Mannschaften auch die Chance haben, zu gewinnen. Zudem sollte niemand über seine Fähigkeiten hinaus gefordert werden.
* Legen Sie keinen Wert auf Punktezählen.
* Untersagen Sie Prahlereien, Ärgern oder Einschüchterungen.
* Stellen Sie heraus, dass es wichtig ist, sein Bestes zu geben, und dass es nicht darum geht, andere zu übertreffen.
* Trennen Sie beste Freunde bei Mannschaftsbildungen.
* Erinnern Sie die Kinder immer wieder daran, dass sie das Spiel ohne die gegnerische Mannschaft nicht spielen könnten. Auch als Gegner teilen sie den Spaß am gleichen Spiel.

Tipps, wie Sie die Gruppenintegration fördern können:

* Um Ausgrenzung zu vermeiden, gewinnt nicht das Team, das die meisten Punkte erzielt hat, sondern das, in dem die meisten Mitglieder einen Punkt geholt haben.
* Durch witzige Gruppennamen – „Käsechips", „Kohlköpfe" oder „wilde Eichhörnchen" – können Sie den Spaßcharakter unterstreichen.
* Handschlag und Lob für die Gegner am Ende des Spiels sind ein absolutes Muss.

❧ Hirnforschung zum Thema „Gefühle und Lernen"

Schon scheinbar alltägliche **schulische Anforderungen** können den Gefühlszustand der Kinder negativ beeinflussen. Wenn darauf nicht eingegangen wird, werden **Lernerfolge möglicherweise vermindert oder ganz verhindert**. Gefühle von leichtem Stress bis hin zu schwerwiegendem Leidensdruck sind aber im Leben vieler Schüler konstant vorhanden. Daher stelle ich in diesem

Kapitel einige Forschungsergebnisse vor, die sich mit den Auswirkungen von Stresssituationen auf die Konzentrationsfähigkeit, auf das Lernen und auf das Gedächtnis beschäftigen.

Reaktionen auf Stress

Stress ist eine körperliche oder mentale Spannung, die auftritt, wenn bestimmte Gegebenheiten ein bestehendes Gleichgewicht stören. Aus Stressgefühlen resultiert eine Reihe von physiologischen Symptomen in drei Stadien, die Hans Selye als **Allgemeines Anpassungssyndrom** beschrieben hat: Alarmreaktionen, Widerstand und Erschöpfung. Wie sich der Stress auf den Einzelnen auswirkt, hängt stärker davon ab, **wie der Einzelne mit den Stressfaktoren umgeht**, als von den Stressfaktoren selbst. Furcht, z.B. vor einer Prüfung, kann sich daher leicht zu einem Leidensdruck entwickeln, der sich dann ganz konkret auf die Prüfungsergebnisse auswirkt. Auch können Kinder, die ständig hohem Stress in ihrer Lebenssituation ausgesetzt sind, auch kleinere Anforderungen in der Schule als unüberwindliche Hürden empfinden.

„Fight or Flight"

Die tierische Reaktion, auf Gefahren mit Kampf oder Flucht zu reagieren, zeigt sich auch bei Menschen. Dies hat der Menschheit beim Überleben geholfen. Wenn jedoch **Lernsituationen als Gefahr** (oder als verwandte Stresssituation) empfunden werden, ist dies dem Lernen nicht förderlich und **verhindert Konzentration und das Behalten von Informationen**. In schulischen Situationen, die als Stress oder Bedrohung empfunden werden (z.B. gehänselt oder gemobbt werden, Prüfungsdruck, Versagensängste), gewinnen die Emotionen die Oberhand über die Kognition. Wichtig ist es daher, die Angst aus den Lernerfahrungen der Kinder zu verbannen und eine **stressfreie Umgebung** zu schaffen, z.B. durch kooperatives Lernen und eine Wertschätzung der Anstrengungsbereitschaft.

Gefühle und Lernen

Menschen haben sehr wenig Kontrolle über ihre Gefühle. **Gefühle beeinflussen unser Bewusstsein**, da die Verbindungen von den emotionalen Systemen zu den kognitiven Systemen im Gehirn viel stärker sind als umgekehrt. Daher

fällt es gerade jüngeren Kindern auch schwer, ihre Gefühle zu erklären. Für Sie als Pädagoge oder Pädagogin ist es daher wichtig, die Kinder in freien Phasen zu beobachten, damit Sie verstehen, was sie gerade bewegt.
Das Vorhandensein von bestimmten Gefühlszuständen beeinflusst auch das zukünftige Verhalten. Dies unterstreicht noch einmal die Bedeutung positiver Lernerfahrungen (wie die Vermittlung von Selbstsicherheit und Vertrauen in die eigenen Fähigkeiten) für den Lernprozess.

Studien haben **hirnphysiologische Auswirkungen** von Stress bestätigt, z.B.
* Verkümmerungen in Hirnarealen, die mit Stresserfahrungen verbunden sind,
* kognitive und psychische Veränderungen,
* vermindertes Wachstum von Hirnzellen,
* reduzierte Effizienz von Synapsen,
* erhöhte Augenbewegung und Pupillenerweiterung, was die Konzentrationsfähigkeit senkt,
* Erschöpfungszustände, mangelnde Motivation und schwankende Leistungen.

Allerdings gehen die Meinungen der Forschung auseinander: Stress wird teilweise auch in **stimulierenden und belastenden Stress** eingeteilt, ersterer wird als dem Lernen zuträglich angesehen. Andere Studien betonen die individuelle Bedeutung, die eine Aufgabe für den Ausführenden hat. Hiernach wäre eine Aufgabe, die mit positiven Gefühlen verbunden ist und keine Stressreize verursacht, diejenige, die am meisten Aussicht auf Erfolg hat. Furcht hingegen wirkt ablenkend, sie beförderte in Tests eine übersteigerte Aufmerksamkeit auf körperliche Empfindungen und die Unfähigkeit, wichtige von unwichtigen Informationen zu trennen.
Schließlich wird von anderen Studien die **Bedeutung körperlicher Aktivität** betont, wenn es darum geht, Stresserfahrungen auszugleichen und gegenzusteuern.

Im Folgenden finden Sie zahlreiche Spiele, die diesen drei Theoriekonzepten, der Schema-Theorie, dem kooperativen Lernen und der Hirnforschung, in der Praxis Rechnung tragen.

Laufen, gehen, robben –

Aktivitäten und Spiele

zu Fortbewegungsarten

In diesem Kapitel finden Sie lokomotorische Aktivitäten und Spiele, mit denen die Kinder **Bewegungsarten erkunden und weiterentwickeln** können.

Dazu gehören Gehen, schnelles **Gehen, Laufen, Springen, Hüpfen, Seilspringen und Kriechen.** Die meisten Aktivitäten dieses Kapitels entsprechen der Schema-Theorie, da sie **zahlreiche Variationen** der Fertigkeiten erlauben.

Wenn Sie den Kindern die **Spiele vorstellen**, verschaffen Sie ihnen zunächst einen **grundsätzlichen Eindruck**, worum es geht, z.B. „Wir spielen heute ein Wurfspiel" oder „Das nächste Spiel ist ein Fangspiel." Erklären Sie **dann die Einzelheiten.** Wenn das Spiel es zulässt, erklären Sie weniger wichtige Regeln erst später, in einer Spielpause, wenn die Kinder die Grundregeln verstanden haben.

Bewegen und Begrüßen

KAPITEL 1

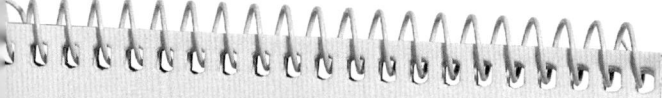

Geförderte Fertigkeiten:

diverse lokomotorische und soziale Fähigkeiten

Materialien:

flotte Musik

Aufstellung:

frei

SO GEHT ES:

Diese Übung eignet sich gut als erste Bewegungsübung des Schuljahres. Sie macht Spaß, beinhaltet viele verschiedene Bewegungstypen und Ruhepausen, und die Kinder erfahren ein wenig über ihre Klassenkameraden.

✻ Bestimmen Sie eine Fortbewegungsart, zum Beispiel Laufen, Auf-einem-Bein-Hüpfen, Galoppieren, Schlittern, Krabbengang, Froschhüpfen, schnelles Gehen, Zeitlupen-Rennen, verrücktes Tanzen, lustiges Gehen, Mumien-Gang oder Trockenschwimmen. Die Kinder sollen diese Bewegung so lange ausführen, wie die Musik spielt. Lassen Sie die Musik laufen.

✻ Wenn die Musik stoppt – etwa nach 20 bis 30 Sekunden – sucht sich jedes Kind den nächsten verfügbaren Partner.

✻ Die Partner geben sich still die Hand und hören den Auftrag an. Geben Sie Ihnen ein Thema, über das sie sich unterhalten können. Beispiele finden Sie am Ende dieser Übungsbeschreibung.

✻ Nach etwa 30 Sekunden geben Sie den nächsten Bewegungsauftrag und rufen „Los!".

❊ Jedes Mal, wenn die Musik anhält, suchen sich die Kinder einen neuen Partner, dem sie die Hand geben. Einem Kind, das die Hand ausstreckt, darf nie der Rücken zugekehrt werden. Wenn nötig, besprechen Sie das mit den Kindern, bevor Sie mit dieser Übung beginnen.

Einige Beispielthemen für „Bewegen und Begrüßen":

❊ Wie heißt du mit vollem Namen, und wo wurdest du geboren?

❊ Was war das Tollste, was du diesen Sommer getan hast?

❊ Wie heißen deine Eltern mit Vornamen?

❊ Was machst du am liebsten nach der Schule?

❊ Welches ist dein Lieblingsbuch?

❊ Was möchtest du tun, wenn du erwachsen bist?

❊ Wo bist du am liebsten?

❊ Was machst du am liebsten in der Pause?

❊ Was war dein tollster Tag in der Schule?

❊ Hast du etwas Lustiges in den Ferien erlebt?

❊ Hast du neue Leute in den Ferien kennengelernt?

KAPITEL 1

Sicheres Laufen in geschlossenen Räumen

SO GEHT ES:

Auch diese Übung eignet sich besonders für den Anfang des Schuljahres. Als mir auffiel, dass Kinder im Sportunterricht häufig zusammenstießen, erstellte ich diese Übung. Sie soll in den Kindern ein Gefühl dafür wecken, wann sie sicher zwischen anderen Kindern umherrennen können, und wann sie lieber besonders vorsichtig sein sollten.

Geförderte Fertigkeiten:
sicher inmitten anderer Kinder zu laufen, räumliche Orientierung

Materialien:
keine

Aufstellung:
verteilt

❋ Die Kinder sollen im Raum umhergehen und Stellen suchen, an denen sich wenig andere Kinder befinden.

❋ Wenn sie genügend Platz haben, sollen sie schnell gehen. Sobald sie sich jemandem nähern oder sich jemand ihnen nähert, müssen sie langsamer werden.

❋ Je mehr Kinder sie um sich herum bemerken, desto langsamer müssen sie werden. Je weniger Kinder in der Nähe sind, desto schneller dürfen sie gehen.

❋ Setzen Sie diese Regeln unbedingt durch. Die Übung funktioniert am besten, wenn sie still durchgeführt wird. Erklären Sie den Kindern, warum diese Übung für mehr Spaß in zukünftigen Sportstunden sorgen wird.

❋ Wiederholen Sie die Übung auf der Hälfte des ursprünglichen Raumes.

❋ Wiederholen Sie sie dann mit Laufen oder Traben, erst auf der vollen, später auf der halben Fläche.

❋ Wiederholen Sie diese Übung ein paar Mal am Anfang des Schuljahres. Sie sollte ungefähr 5 Minuten dauern.

Der Gummigang

SO GEHT ES:

* Indem sie sich verschiedene Oberflächen zum Daraufgehen vorstellen, erkunden die Kinder auf natürliche Weise viele verschiedene Variationen des Gehens. Dabei nutzen sie viele unterschiedliche Muskeln und trainieren so ihr Gleichgewicht.

* Zählen Sie verschiedene realistische oder imaginäre Oberflächen auf, auf denen man laufen könnte. Die Kinder sollen nun darstellen, wie es aussähe, wenn man auf diesen Oberflächen gehen würde.

* Beispiele: Geht über Mäusespeck, über Heftzwecken, durch tiefes Wasser, über heißen Sand, über Kaugummi, durch Matsch, über nasses Gras, durch Treibsand, durch Erdnussbutter, über Federn, über elastisches Gummi, über Glasmurmeln, über einen flauschigen Teppich, über Eis, über große Felsen, über Käfer, durch nassen Zement, durch Schnee, auf dem Mond.

* Geben Sie den Kindern in Übungen dieser Art immer die Gelegenheit, eigene Vorschläge einzubringen. Zum Schluss der Übung greifen Sie einen der Vorschläge auf und bauen ihn ein.

Geförderte Fertigkeiten:
abwechslungsreiches Gehen, Vorstellungsvermögen

Materialien:
keine

Aufstellung:
verteilt

Hinweis:

Wenn Sie mehr Zeit haben, können Sie auch einen Barfuß-Parcours aufbauen.

KAPITEL 1

10-mal anders rüber

JO GEHT EJ:

Diese Fortbewegungsübung lässt die Kinder kreativ die Vielfalt von Bewegung erkunden.

❋ Die Kinder stehen Seite an Seite an einem Ende der Turnhalle bzw. des Spielfeldes.

❋ Die Kinder sollen das Feld nun 10-mal überqueren und sich dabei jedes Mal auf eine andere Weise fortbewegen. Sie sollen nicht einfach gehen, dürfen sich aber Bewegungen von anderen Kindern abgucken.

❋ Loben Sie Kinder, die sich Bewegungen mit besonderen Herausforderungen aussuchen.

❋ Erinnern Sie die Kinder daran, dass sie mitzählen, wie oft sie das Feld schon überquert haben, und dass sie keine Fortbewegungsart 2-mal benutzen dürfen.

Geförderte Fertigkeiten:
freies Erkunden von Fort-bewegungsarten

Materialien:
keine

Aufstellung:
Die Kinder stehen Seite an Seite an einem Ende der Turn-halle bzw. des Spielfeldes.

═ VARIATION:

Lassen Sie die Kinder die Übung paarweise durchführen. Meinen Erfahrungen nach gefällt ihnen das am besten.

Bus fahren

SO GEHT ES:

Diese Übung ist eine Erfindung einiger meiner Schüler. Ihr Reiz liegt in ihrer Einfachheit und in dem Spaß, den die Kinder damit haben.

* Die großen Reifen sind die Bushaltestellen, an denen die Kinder auf den Bus warten.

* Die Kinder, die kleine Reifen um die Hüfte tragen, bewegen sich durch den Raum, sammeln andere Kinder ein (immer nur ein „Fahrgast" pro „Busfahrer") und setzen ihren Fahrgast an einer anderen Haltestelle wieder ab.

Geförderte Fertigkeiten:
freies Erkunden von Fortbewegungsarten

Materialien:
kleine und große Gymnastikreifen

Aufstellung:
Einige Gymnastikreifen sind auf dem Boden verteilt, etwa 4 Kinder tragen Reifen um die Hüften und bewegen sich frei im Raum.

* Die Kinder an den Haltestellen warten darauf, dass der Bus an ihrer Station vorbeikommt. Wenn sie mitfahren möchten, halten sie sich hinten am Reifen fest und laufen mit zur nächsten Haltestelle.

* Die Kinder bestimmen selbst, wie lange sie mitfahren und wo sie aussteigen.

* Während dieses Spiels können zahlreiche Fortbewegungsarten zum Einsatz kommen. Wechseln Sie die Busfahrer nach einiger Zeit.

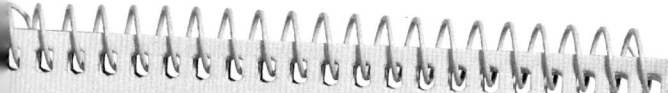

KAPITEL 1 Fröhliche Füße

Geförderte Fertigkeiten:
Gelenkigkeit von Füßen und Beinen

Materialien:
Musik

Aufstellung:
verteilt

SO GEHT ES:

Diese Übung eignet sich gut als Einstieg in Gelenkigkeitsübungen für Füße und Beine.

✳ Spielen Sie lustige Musik.

✳ Die Kinder sollen nun tanzen und dabei Ihre Aufträge einbinden: Riesen-schritte machen, die Füße sehr schnell bewegen, im Zeitlupentempo tanzen, nur die Linien auf dem Hallenboden berühren, nicht die Linien auf dem Hallenboden berühren, nur auf den Fersen/auf den Zehenspitzen tanzen, zur Musik stepptanzen, besonders witzig tanzen und so weiter.

Rotierende Sterne

SO GEHT ES:

* Die Kinder, die sich an den Händen berühren, fangen langsam an, sich gegen den Uhrzeigersinn zu drehen. Die restlichen Kinder stehen in einer Reihe am Rand. Schicken Sie nun ein Kind nach dem anderen in die Mitte. Es soll sich einem der Enden des „Sterns" anschließen, indem es die freie Hand eines der Kinder aus der Formation ergreift.

* Nach einiger Zeit soll der Stern sich immer etwas schneller drehen (hier ist schnelles Gehen empfehlenswert), bis der Stern zum Vergnügen aller durcheinanderpurzelt.

Geförderte Fertigkeiten:
Zusammenarbeit, Erkunden der Fortbewegung

Materialien:
keine

Aufstellung:
4 Kinder berühren sich alle mit ihren linken Händen, sodass sich eine kreuzförmige Formation ergibt. Der Rest der Gruppe steht ein paar Meter entfernt in einer Reihe.

* Beginnen Sie das Spiel erneut, diesmal mit anderen Kindern und im Uhrzeigersinn. Die Kinder können auch versuchen, auf einem Bein zu hüpfen.

Reisegruppe und Reiseführer

SO GEHT ES:

* Jede Gruppe bestimmt selbst, wer als Reiseführer anfängt.

* Der Reiseführer denkt sich für seine Gruppe eine kurze Reisebeschreibung aus und erklärt, wo sie sich befinden (z.B. vor einer Flussüberquerung, in einem Wald, in einer Stadt, im Weltall, im Meer, in einem gruseligen Tunnel) und was sie dort tun werden (z.B. ein Flugzeug fliegen, auf Pferden reiten, Fahrrad fahren, ein Schiff betreten, mit Gorillas ringen, wie ein Adler fliegen).

Geförderte Fertigkeiten:
jede Art von Fortbewegung, freies Erforschen der Bewegung

Materialien:
keine

Aufstellung:
paarweise oder 3er-Gruppen

* Nachdem der Reiseführer den Ausflug beschrieben hat, führt die Gruppe die beschriebene Aufgabe zusammen durch.

* Nach etwa 3 Minuten bestimmt die Gruppe einen neuen Reiseführer und bricht zu einem neuen Ausflug auf.

Hinweis:

Diese Übung fördert Kreativität, Forschergeist, Vorstellungskraft und Organisationstalent. Die Kinder sollen sich interessante Dinge ausdenken, die für alle Kinder ungefährlich und nicht zu kompliziert sind.

Wildpferde

JO GEHT EJ:

Diese Übung ist ein tolles Spiel, wenn die Kinder die Galoppier-Bewegung beherrschen. Sie werden sich vor Lachen kaum halten können.

* Eine 3er-Gruppe besteigt eine Schaumstoffnudel und galoppiert durch den Raum, als säßen alle auf einem Pferd.

* Auf der Schaumstoffnudel sollte hinter dem letzten Reiter noch ein wenig Platz sein.

Geförderte Fertigkeiten:

Galoppieren

Materialien:

Schaumstoffnudeln

Aufstellung:

3er-Gruppen, die auf einer Schaumstoffnudel aufsitzen. 3–4 Kinder galoppieren solo und ohne Schaumstoffnudel als Trapper durch die Halle.

* Die Gruppe versucht, sich von den Trappern fernzuhalten. Diese wiederum müssen versuchen, noch auf die Schaumstoffnudel-Pferde aufzusteigen.

* Wenn sie erfolgreich sind, rufen sie das vorderste Kind an: „Trapper Mario (oder Laura)". Das jeweilige Kind steigt ab, wird zum Trapper und versucht, galoppierend auf andere Pferde zu gelangen.

* Achten Sie darauf, dass die Kinder eine sichere Geschwindigkeit einhalten. Die Reiter an vorderster Position sollten auch die Richtungen nicht zu plötzlich wechseln, da sie sonst ihre Mitreiter abwerfen könnten.

Verrückte Züge

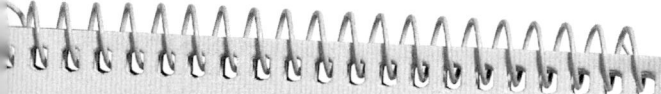

Geförderte Fertigkeiten:

diverse Fortbewegungsarten

Materialien:

keine, evtl. Musik

Aufstellung:

Gruppen von 4–6 Kindern

ſO GEHT Eſ:

* Die Kinder stehen auf beliebige Art miteinander verbunden
  in einer Reihe und bilden so einen kleinen Zug.

* Der Zug kann sich auf viele Arten bewegen. Die Kinder denken sich
  lustige, alberne, interessante oder schwierige Möglichkeiten aus, wie
  sich ihr Zug fortbewegen kann: vorwärts, rückwärts, seitwärts, im Zickzack,
  tanzend, hüpfend, krabbelnd oder mit albernen Schritten.

* Bei jeder neuen Idee wechselt der Zugführer, der an der Spitze des
  Zugs steht.

* Wichtig ist aber, dass die Wagen des Zugs sich nicht voneinander trennen.

Hinweis:

Zur Übung „Verrückte Züge" eignet sich flotte, lebhafte Musik. Ich spiele
Musik, wann immer es passt. Dies steigert die Bewegungsfreude der Kinder
und sorgt mit dafür, dass sie die Turnhalle als einen Ort empfinden, wo sie
sich gerne aufhalten.

Laufen

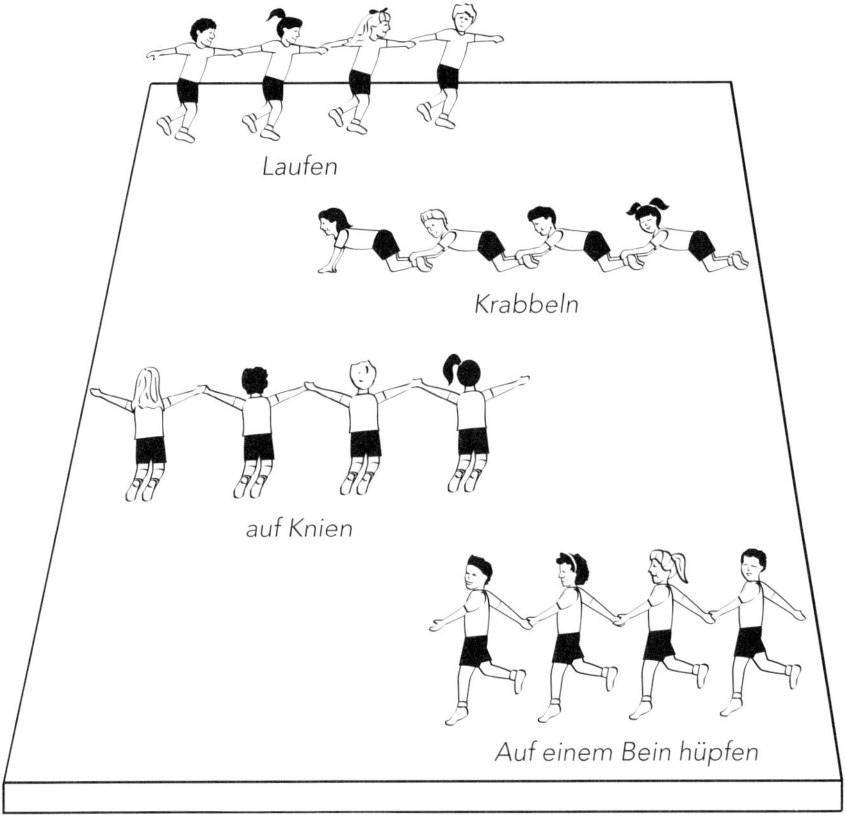

Krabbeln

auf Knien

Auf einem Bein hüpfen

KAPITEL 1
Fangen im Zoo

SO GEHT ES:

* Jede Gruppe hat einen Fänger.

* Der Fänger benennt ein Tier, woraufhin sich die ganze Gruppe wie dieses Tier fortbewegt. Der Fänger kann auch vormachen, wie sich das Tier bewegt.

* Der Fänger muss sich ebenfalls wie das genannte Tier fortbewegen. Er jagt die anderen Kinder und muss versuchen, eines durch Antippen zu fangen.

* Wenn ein Kind gefangen wurde, ruft es „Stopp" und bestimmt als neuer Fänger ein anderes Tier. Die nächste Runde beginnt mit dem neuen Fänger.

Geförderte Fertigkeiten:
freies lokomotorisches Erkunden

Materialien:
keine

Aufstellung:
2 Gruppen auf gegenüberliegenden Seiten der Turnhalle oder des Spielfeldes

Hinweise:

* Gestalten Sie das Spielfeld weder zu klein noch zu groß. Es muss für die verschiedenen Fortbewegungsarten der Kinder geeignet sein, von denen einige auf einem zu großen Feld schwierig werden.

* Die Kinder müssen hier nicht selten daran erinnert werden, vor dem Fänger zu fliehen. Sie neigen dazu, sich so in ihrer Bewegung zu verlieren, dass sie vergessen, sich vom Fänger wegzubewegen. Das Spiel wird unter Umständen seinen Reiz verlieren, wenn das passiert.

Fänger

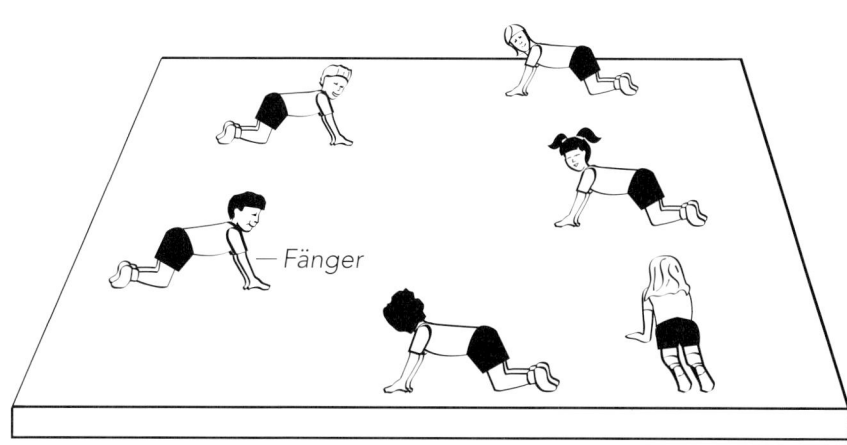

Fänger

Das Käferspiel

Geförderte Fertigkeiten:

freies lokomotorisches Erkunden

Materialien:

keine, evtl. Tierkarten (s. Variation)

Aufstellung:

verteilt

So geht es:

* Jedes Kind sucht sich einen Käfer oder ein Insekt aus und macht das Tier nach.

* Die Kinder bewegen sich durch die Turnhalle oder über das Spielfeld und halten nach anderen Ausschau, die das gleiche Tier darstellen wie sie selbst. Dabei dürfen sie aber nur nach der Bewegung urteilen.

* Wenn sie glauben, einen „Artgenossen" gefunden zu haben, gesellen sie sich dazu und suchen gemeinsam nach weiteren Tieren der gleichen Art.

* Kinder, die keine Artgenossen finden, dürfen sich ein anderes Tier aussuchen, das sie sein möchten.

VARIATION:

Eventuell verteilen Sie vorab an die Kinder Karten mit den Namen oder Bildern passender Tiere. So können Sie sicherstellen, dass auf jeden Fall mehrere Vertreter einer Art vorhanden sind.

Laufen, laufen, laufen

Geförderte Fertigkeiten:
verschiedene Laufstile

Materialien:
keine

Aufstellung:
verteilt

JO GEHT EJ:

Mit dieser tollen Aufwärmübung gewinnen die Kinder einen Eindruck davon, wie jede Fähigkeit auf unendlich viele Arten erforscht werden kann.
So wird die generelle Beweglichkeit gesteigert.

✳ Beschreiben Sie verschiedene Arten, zu laufen. Regen Sie die Kinder dabei auch zu eigenen Vorschlägen an.

✳ Beispiele: lustig rennen, in verschiedenen Körperhaltungen, mit den Händen auf dem Kopf, mit verschränkten Armen, mit den Fingerspitzen über den Boden schleifen, die Knie festhalten, die Zehen festhalten, die Knöchel festhalten, mit aneinander „festgeklebten" Knien, mit den Fersen an den Po schlagen, die Beine kreuzen, mit einem Fuß auf Zehenspitzen, auf einer Ferse.

✳ Insgesamt sollten die Kinder etwa 5 Minuten laufen.

SO GEHT ES:

Diese Übung sorgt für kurzweiliges Aufwärmen. Eine Reihe von Bewegungsanweisungen führt die Kinder auf eine Reise zum Mars:

* Startet den Motor! – *kurze, gehockte Sprünge*

* Start! – *ein Sprung mit den Händen in „Raketenform" über dem Kopf*

* Die Rakete baut langsam Geschwindigkeit auf. – *nach und nach immer schneller laufen*

* Achtung, den Asteroiden ausweichen! – *durch den Raum bewegen und imaginären Asteroiden ausweichen*

* Jetzt machen wir einen Weltraumspaziergang. – *Zeitlupenbewegungen*

* Ah, die Steuerung ist außer Kontrolle! – *taumeln, drehen*

* Wir fliegen wieder ganz ruhig. – *ruhiges Laufen*

* Umkreist den Mars. – *immer langsameres Laufen im Kreis*

* Landung! – *springend in die Hocke gehen*

* Jetzt seid ihr alle Marsianer. – *Kinder stellen dar, wie sie sich Marsianer vorstellen.*

* Abflug vom Mars – Ende. – *Fangen Sie noch einmal von hinten an, und geben Sie die Bewegungsanleitungen in anderer Reihenfolge.*

> **Geförderte Fertigkeiten:**
> verschiedene Fortbewegungsarten, freies Erkunden von Bewegungen
>
> **Materialien:**
> keine
>
> **Aufstellung:**
> verteilt

Hinweis:

Am besten machen Sie die Bewegungen beim Erzählen selbst vor bzw. mit.

Sprungland

Geförderte Fertigkeiten:
Springen

Materialien:
keine

Aufstellung:
verteilt

SO GEHT ES:

Kinder springen gerne. Verschiedene Arten des Springens auszuprobieren, kann daher viel Spaß machen. Es trainiert außerdem aber auch die grundlegende Fähigkeit, zu springen.

✳ Sie können diese Übung anleiten, indem Sie den Kindern diverse Vorschläge zum Springen machen. Vorzugsweise lassen Sie die Kinder jedoch eigenständig im ganzen Spielfeld alle möglichen Arten des Springens ausprobieren.

✳ Die Gruppe kann auch die Sprünge eines Kindes nachmachen. Bestimmen Sie nach einiger Zeit jeweils einen neuen „Vorspringer".

✳ Beispiele: in verschiedene Richtungen springen (achten Sie darauf, dass die Kinder nach hinten schauen, bevor sie rückwärtsspringen), eine bestimmte Weite springen, auf der Stelle springen und dabei die Geschwindigkeit variieren, springen mit Drehung in der Luft, mit gekreuzten Beinen springen, springen und dabei mit einem Bein vorwärts- oder rückwärtstreten, so hoch wie möglich springen (die Kinder sollen erzählen, mit welcher Technik sie dies probieren), springen und dabei die Arme hochhalten, kreativ springen mit einem Partner, sanft landen, laut landen.

KAPITEL 1

Schlangen, Ratten und Roboter

SO GEHT ES:

In diesem Spiel können die Kinder auf unterhaltsame Weise bestimmte Fortbewegungsfähigkeiten trainieren ohne langweilige Wiederholungsübungen.

✳ Die Schlangen bleiben immer innerhalb ihrer eigenen Schatzhöhle (Pylonenkreis). Sie bewegen sich wie Schlangen (sie robben bzw. schlängeln sich) und bewachen den Schatz (Bohnensäckchen). Dabei versuchen sie, gegnerische Roboter durch Antippen abzuschlagen. Diese versuchen, die Schatzhöhle zu betreten, um die Bohnensäckchen zu stehlen. Dabei dürfen sie aber immer nur einzelne Säckchen nehmen. Wenn ein Roboter von einer Schlange berührt wurde, muss er in sein eigenes Gebiet zurückkehren.

✳ Die Schlangen müssen zu jeder Zeit mit ihren Bäuchen den Boden berühren.

Geförderte Fertigkeiten:
Vierfüßlergang, Robben, schnelles Gehen

Materialien:
Bohnensäckchen, Pylonen, Gymnastikreifen; bei größeren Gruppen evtl. Parteibänder

Aufstellung:
• Teilen Sie die Kinder in 3 Gruppen auf.
• 2 Kinder jeder Gruppe sind Schlangen, 2 andere Roboter. Die restlichen Kinder einer Gruppe sind Ratten.
• Jede Gruppe startet in einem Bereich, der durch Pylonen eingekreist ist. In der Mitte jedes Kreises liegt ein Reifen mit den Bohnensäckchen darin.

✳ Die Ratten krabbeln im Vierfüßlergang über das ganze Spielfeld und müssen versuchen, Roboter abzuschlagen, bevor sie die Schatzhöhle erreichen. Wenn eine Ratte einen Roboter berührt, muss er ebenfalls in sein eigenes Gebiet zurück, bevor er wieder einen neuen Versuch starten darf.

✳ Die Roboter schlagen niemanden ab. Ihre einzige Aufgabe ist es, Schätze der anderen Teams zu klauen und in der eigenen Schatzhöhle abzulegen. Dabei dürfen sie nie mehr als ein Bohnensäckchen auf einmal mitnehmen.

- Roboter müssen die ganze Zeit schnell gehen und dürfen nicht über Schlangen oder Ratten springen.
- Roboter, die berührt werden, während sie ein Bohnensäckchen tragen, müssen dieses zurücklegen, wenn sie sich noch innerhalb des gegnerischen Pylonenkreises befinden.
- Wenn sich der Roboter mit einem Bohnensäckchen einmal wieder außerhalb des Pylonenkreises befindet, kann er nicht mehr aufgehalten werden, bis er das Bohnensäckchen im eigenen Kreis abgelegt hat.
- Das Spiel endet, sobald ein Team keine Bohnensäckchen mehr hat. Starten Sie das Spiel mit neu verteilten Aufgaben erneut.

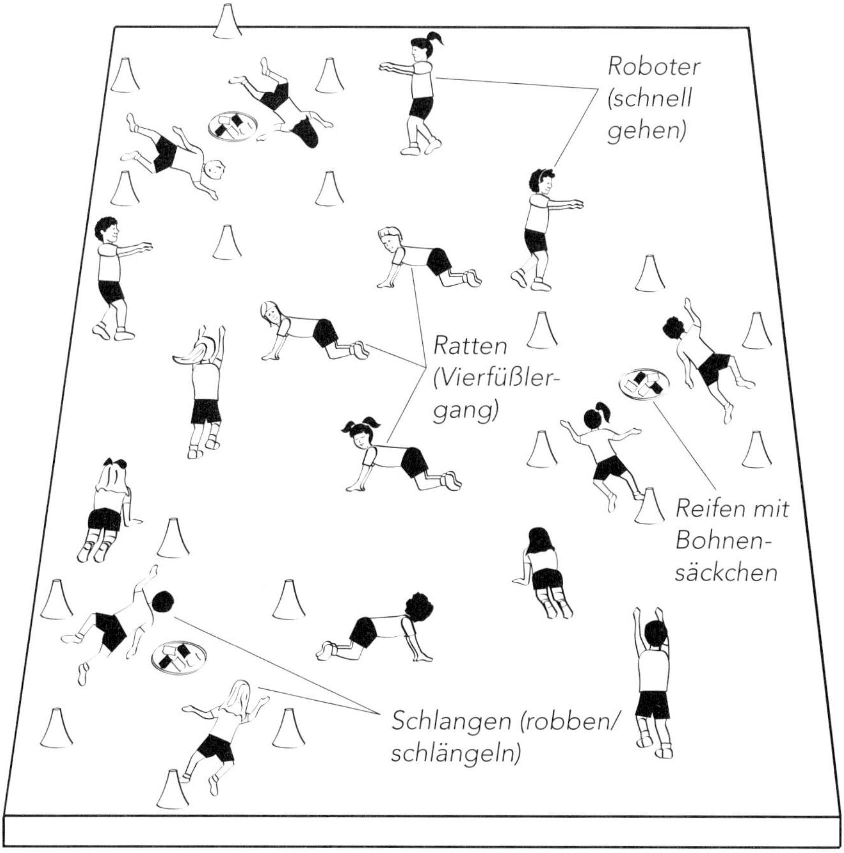
Roboter (schnell gehen)
Ratten (Vierfüßlergang)
Reifen mit Bohnensäckchen
Schlangen (robben/ schlängeln)

Einfrieren und auftauen

Geförderte Fertigkeiten:

Laufen, Vierfüßlergang

Materialien:

4 Parteibänder/Trainingswesten

Aufstellung:

4–5 Fänger, der Rest der Gruppe ist verteilt

SO GEHT ES:

✳ Bestimmen Sie 4 Fänger, und geben Sie ihnen die Parteibänder zum Anziehen.

✳ Die Fänger versuchen, die anderen Kinder zu fangen, indem sie sie antippen. Wird ein Kind gefangen, muss es „einfrieren" und mit gespreizten Beinen und verschränkten Armen stehen bleiben.

✳ Freie Spieler können „eingefrorene" Spieler auftauen, indem sie folgende Handlungen nacheinander durchführen:
1. Hände schütteln
2. In einer Acht um die Beine des eingefrorenen Kindes krabbeln
3. Beide Spieler springen hoch und klatschen sich dabei über den Köpfen Handfläche an Handfläche ab.

✳ Die Fänger dürfen die Spieler während dieses Ablaufs nicht fangen. Sie dürfen auch nicht Wache stehen, bis der Gefangene „aufgetaut" ist, um dann einen einfachen Fang zu machen.

✳ Bestimmen Sie nach ein paar Minuten neue Fänger.

um die Beine
krabbeln

einge-
frorener
Spieler

Fangen   Abklatschen

Hände
schütteln

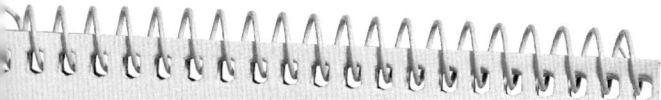

Verwandlungen

Geförderte Fertigkeiten:

jede beliebige Fortbewegungsart, freies lokomotorisches Erkunden

Materialien:

keine

Aufstellung:

verteilt

SO GEHT ES:

Wer mit Kindern arbeitet, weiß, wie sehr sie es lieben, jemanden oder etwas zu imitieren. Sport- oder Turnstunden geben ihnen die Gelegenheit, sich in alles Mögliche zu verwandeln. In dieser Übung erkunden die Kinder diverse Fortbewegungsarten, indem sie sich in verschiedene Menschen, Dinge, Tiere und so weiter verwandeln. Diese Übung eignet sich auch hervorragend, um das Körperbewusstsein zu stärken.

Hier einige Vorschläge für Personen, Tiere und Dinge, die sich gut mit Bewegungen nachahmen lassen:

* *Menschen:* Feuerwehrmann, Pilot, Bergsteiger, Cowboy/-girl, Bauarbeiter

* *Fantasiefiguren:* Hexe, Riese, Drache, Monster, Ritter

* *Dinge:* Schaukel, Jojo, Ball

* *Wetter:* Wind, Wirbelsturm, Gewitter, Hagelsturm

* *Maschinen:* Rakete, Planierraupe, Kanu, Wippe, Hubschrauber, Staubsauger, Müllwagen, Popcornmaschine

* *Tiere:* Kolibri, Geier, Känguru, Huhn, Raupe, Robbe

Bauern und Hühner

KAPITEL 1

* Dies ist ein Fangspiel.
  Die Bauern sind Fänger.
  Die Hühner beginnen das
  Spiel mit 2 Eiern (Tennisbällen),
  je 1 in jeder Hand.

* Die Bauern wollen den Hüh-
  nern die Eier abnehmen. Dazu
  müssen sie die Hühner an der
  Hand oder dem Ball antippen.

* Ein so „gefangenes" Huhn
  muss beide Eier an den
  Bauern abgeben. Auf diese
  Weise tauschen sie die Rollen, und der Bauer wird zum
  Hühnchen und umgekehrt. Der neue Bauer darf allerdings seinen
  ehemaligen Fänger nicht selbst fangen, sondern muss sich ein
  anderes Huhn suchen.

* Die Hühner haben eine „Sicherheitszone", die zum Beispiel aus einem
  Pylonenkreis besteht. Dort können sie „Eier legen", also sich hinhocken
  und für etwa 10 Sekunden ausruhen, wenn sie eine Pause brauchen (allerdings nicht zu oft).

Geförderte Fertigkeiten:
Laufen

Materialien:
*je 2 Tennisbälle oder andere
kleine Bälle für etwa zwei Drittel
der Kinder, 6 Pylonen*

Aufstellung:
*Etwa ein Drittel der Kinder sind
Bauern, die anderen sind Hühner.*

Hinweise:

* Die Bauern dürfen die Hühner nicht festhalten, um an die Eier zu kommen.

* Die Hühner dürfen die Eier nicht verstecken (z.B. unter den Armen oder
  hinter dem Rücken), um Verwirrung zu stiften.

KAPITEL 1

Mücken, Bären und Lachse

SO GEHT ES:

Das Spiel ähnelt „Stein, Schere, Papier": Bär schlägt Lachs, Lachs schlägt Mücke, Mücke schlägt Bär (erstaunlich, aber wahr).

* Beide Gruppen stecken die Köpfe zusammen und entscheiden sich leise für eine der 3 Möglichkeiten: Mücken, Lachse oder Bären. Die andere Gruppe darf die Entscheidung nicht mitbekommen.

* Die Gruppen treffen sich in der Spielfeldmitte, wo sie sich so aufstellen, dass sie sich gegenüberstehen. Zählen Sie bis 3, dann zeigt jede Gruppe, wofür sie sich entschieden hat: Lachse machen ein Fischgesicht und schlängelnde Bewegungen mit den Händen, Mücken breiten die Arme aus, flattern mit den Händen und summen, Bären heben die Arme über den Kopf und knurren gefährlich.

* Das Siegerteam jagt die andere Mannschaft.

* Spieler, die von Mitgliedern des gegnerischen Teams angetippt werden, bevor sie ihre Linie wieder überquert haben, müssen die Seite wechseln.

* Starten Sie das Spiel erneut.

* Haben beide Teams die gleiche Entscheidung getroffen, gehen sie wieder zurück hinter ihre Linien und entscheiden sich neu.

Geförderte Fertigkeiten:
Laufen, visuelle und motorische Reaktionsfähigkeit

Materialien:
2 Reihen Pylonen, alternativ Linien auf dem Boden

Aufstellung:
2 Gruppen an gegenüberliegenden Seiten des Spielfeldes

Hinweise:

- Die Kinder müssen bei ihrer Entscheidungsfindung sehr leise sein.
- Bei der Entscheidungsfindung müssen alle Spieler beteiligt werden.
- Die Spieler gehen gemeinsam als Gruppe in die Mitte.

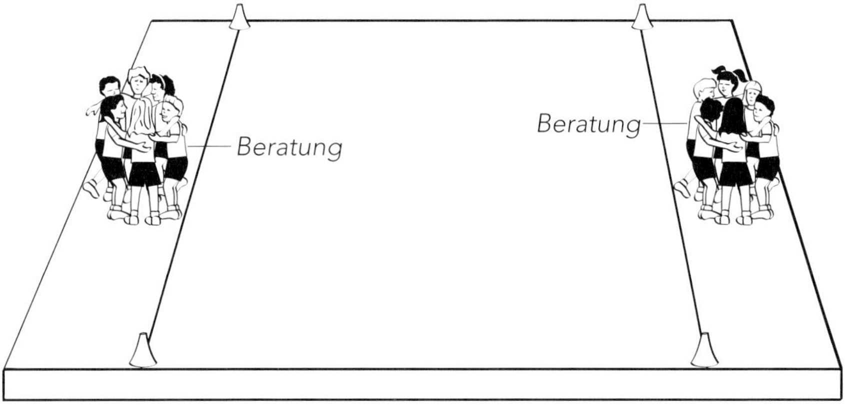
Beratung
Beratung

Showdown: Mücken schlagen Bären

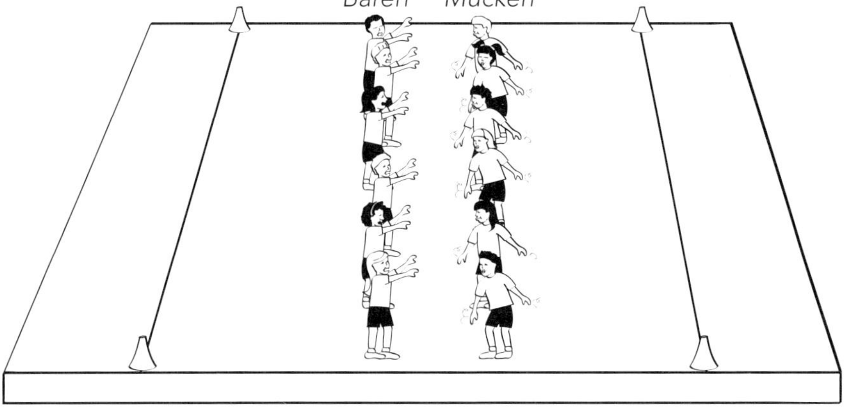
Bären
Mücken

KAPITEL 1

Fangen auf Linien

SO GEHT ES:

* Die Fänger versuchen, die anderen Spieler mit dem Ball zu berühren. Gelingt dies, nimmt der berührte Spieler den Ball an sich und wird zum Fänger.

* Alle Spieler müssen auf den Linien bleiben.

* Die wichtigste Regel des Spiels ist, dass niemand an einem anderen Spieler vorbeigehen darf.

* Wenn zwei Spieler auf Kollisionskurs sind, muss einer von beiden umdrehen. Die Spieler treffen die Entscheidung je nachdem, wo sich die Fänger befinden.

Geförderte Fertigkeiten:
Laufen

Materialien:
2 Bälle, Linien auf den Boden

Aufstellung:
- 2 Fänger mit je einem Ball laufen auf den Spielfeldlinien.
- Die restlichen Spieler laufen ebenfalls auf den Linien.

* Wenn ein Spieler von einem Fänger gejagt wird und andere Spieler im Weg sind, müssen diese umdrehen und in die andere Richtung laufen.

* Achten Sie darauf, dass diese Regeln eingehalten werden, damit das Spiel fair bleibt. Schaffen es die Kinder, eine gemeinsame Strategie zu entwickeln, wie sie den Fängern entkommen?

Hinweis:

Spielen Sie das Spiel mit jüngeren Kindern zunächst ohne Fänger, und lassen Sie sie einfach auf den Linien laufen, ohne aneinander vorbeizugehen. So können sie das Laufprinzip verinnerlichen. Außerdem können sie sich so dem Ziel des Spiels nähern, kooperative Strategien zu erarbeiten, um den Fängern auszuweichen.

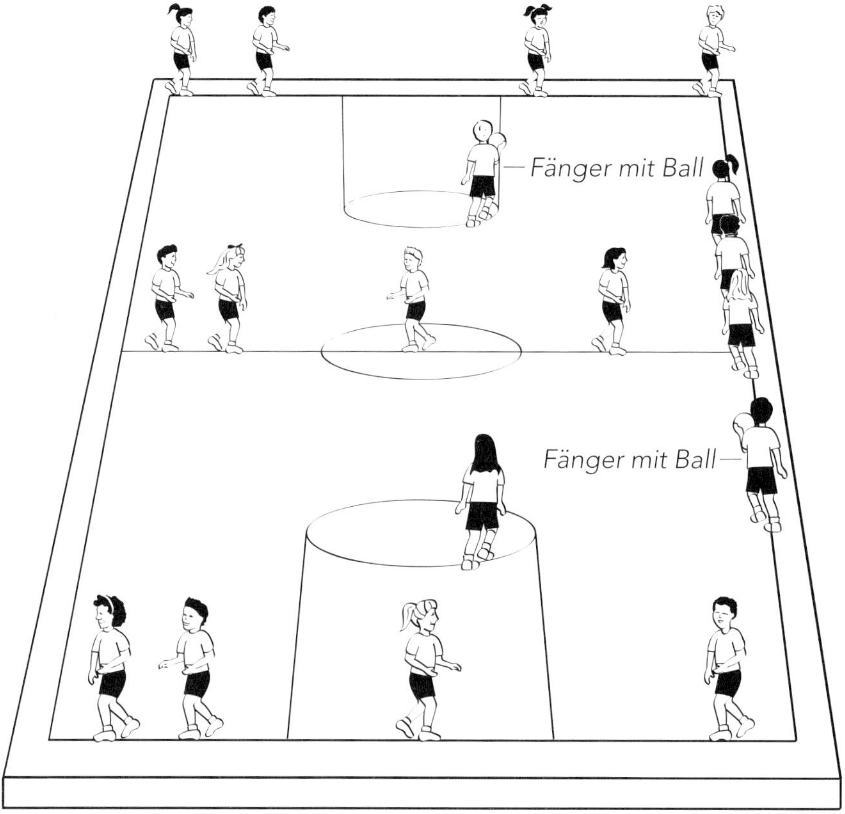

Fänger mit Ball

Fänger mit Ball

Königsburg

SO GEHT ES:

Dieses Spiel habe ich jahrelang in Schulen und Feriencamps einge-setzt. Es ist etwas komplizierter als andere Spiele, die Erarbeitungszeit lohnt sich aber. Man kann das Spiel in zwei Abschnitte unterteilen:

Abschnitt 1

1. Der König/die Königin befindet sich zu Anfang des Spiels in der Mitte des Spielfeldes.
2. Die Spieler sind sicher, solange sie sich in den Burgen befin-den. Sie können in andere Burgen laufen, wenn sie meinen, dass es sicher ist.
3. Wer angetippt wird, wird Skla-ve. Gefangene Sklaven helfen dem König, weitere Sklaven zu fangen. Die Sklaven sowie der König dürfen allerdings die Burgen nicht betreten.
4. Der König hat 2 Aufgaben: Sklaven zu fangen, indem er Spieler außerhalb von Burgen antippt. Außerdem muss er nach leeren Burgen Ausschau halten, denn diese kann er einnehmen.
5. Wenn der König eine leere Burg einnimmt, ruft er „Königsburg!". Alle Spieler frieren in ihren Bewegungen ein.

Gefördert Fertigkeiten:
Laufen, Fußbeweglichkeit

Materialien:
12 Pylonen

Aufstellung:

- Bestimmen Sie eins der Kinder zum König/zur Königin. Dieses Kind begibt sich in die Spielfeld-mitte.
- Die anderen Kinder begeben sich in die Burgen (Quadrate aus 4 Pylonen). Bauen Sie die Burgen weit genug voneinander auf, damit das Laufen von einer zur anderen auch eine Heraus-forderung ist.

Abschnitt 2

1. Der König verlässt die eingenommene Burg und bestimmt einen der „gefrorenen" Spieler. Dieser Spieler muss nun versuchen, in die Königs-burg zu kommen, ohne dass der König ihn berührt.

2. Der König bewacht die Burg, muss aber außerhalb von ihr bleiben. Er versucht, den ausgewählten Spieler anzutippen.

3. Wenn es der ausgewählte Spieler schafft, in die Burg zu kommen, ohne gefangen zu werden, wird er der neue König.

4. Fängt der König den Spieler vorher, begibt sich der Spieler zurück zu seinem Platz, wo er eingefroren war. Der König sucht sich nun einen anderen Spieler, der sein Glück versuchen darf.

5. Wenn zu viele Spieler erfolglos probiert haben, in die leere Burg zu kommen, bestimmt der König einfach einen Nachfolger, und das Spiel beginnt von vorne.

Hinweise:

✳ In die Burgen zu rutschen oder zu grätschen ist verboten! Dies ist zu gefährlich.

✳ Wenn der König eine Burg einnimmt, müssen die Spieler sofort einfrieren und dürfen sich nicht noch auf den König zubewegen, in der Hoffnung, dass sie dann ausgewählt werden.

✳ Es empfiehlt sich, die Regeln strikt durchzusetzen, damit alle Kinder Spaß am Spiel haben.

Übernommen und abgewandelt aus „Games from long ago & far away: ready to use multicultural p.e. Activities", Carr, Seite 309. © Pearson Education, Inc.

Krieg sie alle!

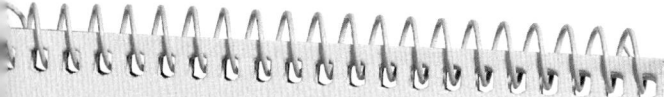

Geförderte Fertigkeiten:
schnelles Gehen, Vierfüßlergang

Materialien:
keine

Aufstellung:
verteilt

SO GEHT ES:

Das Ziel dieses Spiels ist, innerhalb von 2 Minuten zwischen den Beinen so vieler Mitspieler wie möglich hindurchzukrabbeln.

❋ Auf „Los" fangen alle Kinder an, schnell zu gehen. Dabei versuchen sie, andere Spieler anzutippen.

❋ Wenn ein Spieler berührt wurde, muss er sich still und mit gespreizten Beinen hinstellen. Der Fänger krabbelt nun durch die Beine hindurch.

❋ Anschließend machen beide Spieler weiter wie vorher.

❋ Man darf jeden Spieler nur einmal antippen.

❋ Es ist nicht erlaubt, seinen Fänger sofort selbst anzutippen, wenn er mit dem Durchkrabbeln fertig ist. Jeder Spieler muss sich erst im schnellen Gang befinden.

❋ Lassen Sie die Kinder das Spiel mehrmals spielen, um persönliche Rekorde aufzustellen.

Schlangenjäger

JO GEHT EJ:

* Die Schlangen sollen langsam oder schnell laufen. Dabei ziehen sie die Seile hinter sich her und schütteln sie.

* Ein Jäger fängt eine Schlange, indem er auf ein Seil tritt. Sobald das geschieht, tauschen Jäger und Schlange die Rollen.

Geförderte Fertigkeiten:
Laufen, Fußbeweglichkeit

Materialien:
Springseile

Aufstellung:
Ein Drittel der Kinder sind Schlangenjäger, die anderen Kinder sind Schlangen und bekommen Springseile.

Hinweise:

* Die Kinder sollten die Seile flach am Boden schütteln, um Verletzungen zu vermeiden.

* Die Kinder müssen beim Rennen mit den Seilen nach vorne schauen, um Kollisionen zu vermeiden.

* Die Seile sollten locker und hinter dem Körper gehalten werden, sodass sie leicht aus der Hand rutschen, wenn jemand darauf tritt.

* Die Schlangen müssen ihre Seile abgeben, wenn jemand darauf getreten ist. Kämpfe um Seile und sofortiges Zurückfangen des eigenen Fängers sind nicht erlaubt.

Jagd im Hühnerstall

SO GEHT ES:

Wenn die Kinder das Spiel einmal verstanden haben, können sie nicht genug davon bekommen. Da es ein wenig kompliziert ist, werden Sie anfangs etwas mehr Zeit benötigen, um es zu erklären.

✻ Die Ausgangssituation des Spiel ist folgende: Alle Eier sind im Stall, 2 Fänger bewachen den Stall, 3 Jäger jagen Hühner innerhalb des Spielfeldes, die Hühner fliehen vor den Jägern und versuchen gleichzeitig, in den Stall zu gelangen und ein Ei zu stehlen. Sie dürfen immer nur ein Ei nehmen.

✻ Gefangene Hühner müssen in den Stall, um ein Ei zu legen (über einem Ball hocken).

✻ Freie Hühner können gefangene Hühner retten, indem sie in den Stall gelangen und ein Eier legendes Huhn leicht am Kopf berühren. Die Fänger dürfen die Hühner dabei fangen, wenn sie versuchen, ihre Mithühner zu befreien, dürfen aber den Stall nicht betreten.

✻ Ein befreites Huhn hat freies Geleit aus dem Stall. Bis es

Geförderte Fertigkeiten:

Laufen, Ausweichen, Fußbeweglichkeit

Materialien:

Pylonen, 5 Parteibänder/ Trainingswesten, kleine Softbälle, evtl. 5 Gummihühner

Aufstellung:

• *Die 5 Hühnerjäger tragen Parteibänder und – wenn Sie mögen – je ein Gummihuhn. Alle übrigen Kinder sind Hühner.*
• *Ein kleiner Kreis aus Pylonen in der Spielfeldmitte bildet den Hühnerstall.*
• *Die Softbälle sind die Eier. Legen Sie sie in den „Stall".*
• *2 Hühnerjäger bewachen den Stall, indem sie außen herumlaufen und aufpassen, dass keine Eier geklaut werden. Die anderen Hühnerjäger jagen Hühner und versuchen, sie anzutippen. Die Wachposten und aktiven Jäger sollten zwischendurch immer mal wieder ihre Jobs tauschen.*

KAPITEL 1

ihn verlassen hat, kann es nicht gefangen werden. Es darf aber nicht sofort wieder in den Stall zurück, um ein Ei zu klauen.

✳ Die Hühner können auch versuchen, ein Ei aus dem Stall zu klauen. Sie tragen es dann beim Laufen in der Hand. Wenn sie gefangen werden, müssen sie nicht zum Eierlegen in den Stall, sondern nur das geklaute Ei dort abliefern und können sofort weiterspielen. Auch in diesem Fall haben die Hühner freies Geleit aus dem Stall.

✳ Jedes Huhn kann immer nur 1 Ei auf einmal tragen.

✳ Hühner können auch 2 Dinge auf einmal im Stall erledigen: ein Ei klauen und ein Huhn retten. Wenn ein Huhn dabei allerdings vom Fänger angetippt wird, muss es im Stall bleiben und ebenfalls Eier legen.

✳ Bestimmen Sie nach einigen Minuten 5 neue Hühnerjäger.

Hühner-jäger

Eier legen

Adler und Schildkröten

SO GEHT ES:

* Die Adler jagen die Schildkröten und versuchen, sie zu fangen, indem sie sie antippen.

* Einmal gefangen, bleibt eine Schildkröte stehen und begibt sich auf dem Boden in eine Schildkrötenhaltung (mit dem Kopf zwischen den Knien).

* Eine Schildkröte ist gerettet, wenn ein Retter sie mit einem Handtuch bedeckt, um sie vor den umherfliegenden Adlern zu verstecken. Retter können nicht gefangen werden.

Geförderte Fertigkeiten:
Laufen

Materialien:
2 alte Handtücher, Partei-bänder/Trainingswesten

Aufstellung:
3 Kinder sind Adler (Fänger), 2 sind Retter (mit Hand-tüchern), die übrigen Kinder sind Schildkröten.

* Die gerettete Schildkröte behält das Handtuch und geht über das Spielfeld auf der Suche nach anderen zu rettenden Schildkröten. Die bisherigen Retter werden zu Schildkröten.

* Bestimmen Sie alle paar Minuten neue Adler.

* Wenn sich ein gefangener Spieler nicht in der Schildkrötenhaltung befindet, kann er nicht gerettet werden.

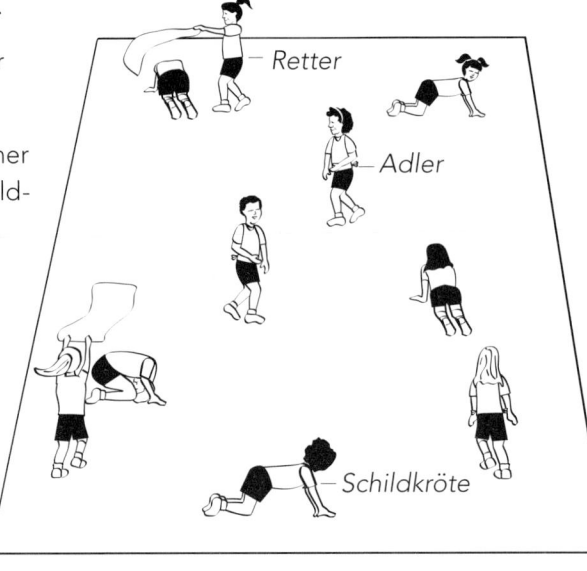

Bakterienjagd

SO GEHT ES:

* 4 Kinder bilden eine Gruppe.
  Einer aus der Gruppe ist der
  Fänger. Die 3 übrigen Spieler hal-
  ten sich an den Händen, sodass
  sie einen Kreis bilden. Dieses
  Gebilde ist die „Bakterie".

* Ein paar Schritte von der Bakterie entfernt steht der Fänger
  und nennt eines der Kinder
  aus seiner Gruppe, das er
  fangen möchte.

* Der Fänger rennt um die
  Gruppe herum und versucht,
  das genannte Kind anzutip-
  pen. Die anderen beiden Spieler versuchen, dies zu ver-
  hindern, indem sie ihre Körper zwischen den Fänger und das Kind bringen
  – dabei darf sich die Bakterie aber nicht trennen.

* Wenn das ausgewählte Kind gefangen wurde, tauscht es mit dem Fänger
  die Plätze.

Geförderte Fertigkeiten:

Laufen, Hand- und Fußbeweglichkeit

Materialien:

keine

Aufstellung:

4er-Gruppen sind ideal, mehr als 5 Kinder sollte eine Gruppe nicht haben.

Hinweise:

* Der Fänger darf den Kreis
  nicht betreten oder durch
  die Mitte fassen, um den
  Mitspieler zu erreichen.
  Er muss ihn von außen
  erreichen.

* Die Gruppe sollte sich überlegen, wie alle zusammenarbeiten können,
  um den Fänger von seinem Ziel abzuhalten.

* Die Bakterie sollte sich nicht allzu weit weg vom Startpunkt bewegen.

Außerirdische und Menschen

So geht es:

* Das Spiel beginnt mit 5 außerirdischen Fängern (Spieler ohne Tuch).

* Die übrigen Spieler (die Menschen) tragen Tücher, die sie in die Seiten ihrer Turnhose stecken (nicht vorne oder hinten). Die Tücher sollten heraushängen und deutlich sichtbar sein.

* Um Menschen zu werden, müssen die Außerirdischen ein Tuch klauen. Sobald sie eins haben, begeben sie sich in einen vorher festgelegten Bereich – die Außerirdischen-Umwandlungskammer. Dort stecken sie das Tuch sicher in die Seite ihrer Turnhose und kommen als Menschen wieder aufs Spielfeld.

> **Geförderte Fertigkeiten:**
> Laufen, Handgeschicklichkeit
>
> **Materialien:**
> mehrere Tücher, Parteibänder oder kurze Schals
>
> **Aufstellung:**
> 5 Kinder sind Außerirdische (Fänger), die übrigen Kinder sind Menschen und bekommen die Tücher.

* Der Spieler, der das Tuch verloren hat, ist nun selbst ein Außerirdischer und macht Jagd auf Tücher. Er darf aber nicht das Tuch des Spielers klauen, der ihm sein eigenes entwendet hatte.

* Da dies ein sehr schnelles Spiel ist, sind evtl. Pausen nötig.

Hinweise:

* Die Menschen dürfen die Tücher nicht festhalten.

* Die Außerirdischen dürfen die Menschen nicht schubsen, festhalten oder ihnen ein Bein stellen, um an die Tücher zu kommen.

* Wenn ein Mensch ein Tuch verliert, darf ein Außerirdischer es aufheben.

═══ VARIATION:

Um das Spiel motorisch schwieriger zu gestalten, können Sie jedem Spieler
einen Ball geben, den er während des Spiels dribbeln muss.

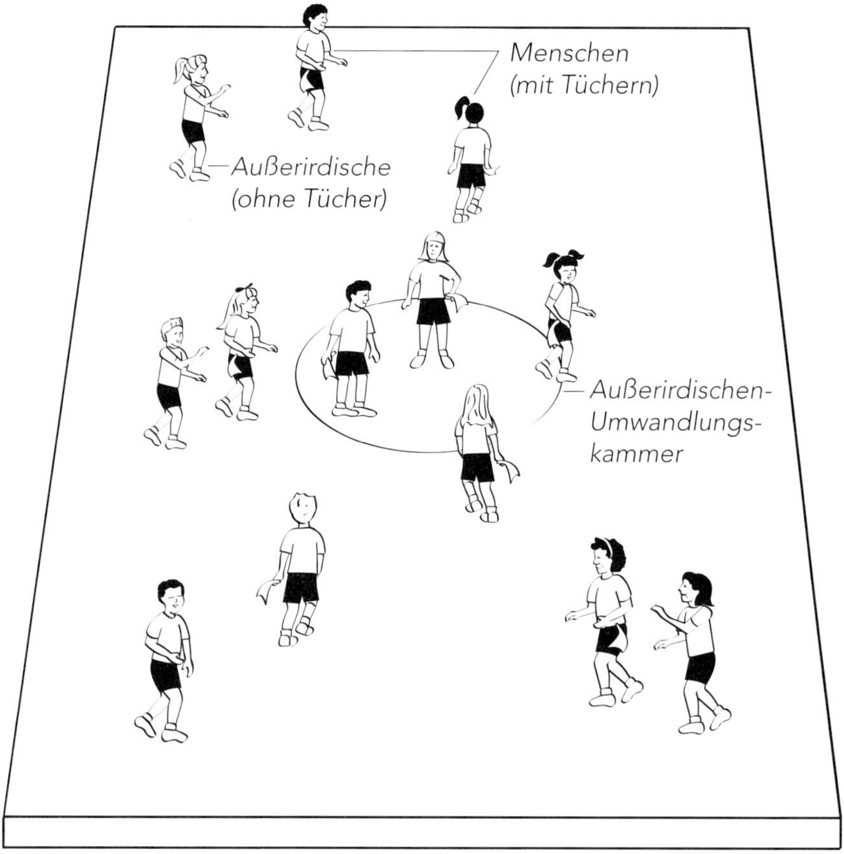

Menschen
(mit Tüchern)

Außerirdische
(ohne Tücher)

Außerirdischen-
Umwandlungs-
kammer

10-Sekunden-Fangen

SO GEHT ES:

* Bestimmen Sie 3 Spieler, die an der Fängerlinie stehen. Die Fängerlinie ist die Seitenlinie des Spielfeldes, die Ihnen am nächsten ist.

* Auf „Los" hat der erste Fänger 10 Sekunden Zeit, so viele Spieler wie möglich zu fangen.

* Wenn die 10 Sekunden um sind, pfeifen Sie. Der Fänger darf auf dem Feld bleiben, wenn er jemanden gefangen hat.

* Wer gefangen wurde, geht aufs Trainingsgelände und macht ein paar vorher festgelegte Übungen.

* Wer mit den Übungen fertig ist, geht außen am Spielfeld zur Fängerlinie und wartet, bis er als Fänger dran ist.

Geförderte Fertigkeiten:
Laufen, Fangen, Ausweichen

Materialien:
Stoppuhr, Trillerpfeife, Pylonen

Aufstellung:

• 3 Spieler stehen außerhalb des Spielfeldes, die übrigen Spieler laufen im Feld durcheinander.

• Richten Sie in der Halle außerhalb des Spielfeldes mit Pylonen einen quadratischen Bereich ein. Dies wird das Trainingsgelände.

* Fängt der Fänger innerhalb der 10 Sekunden niemanden, geht er ebenfalls aufs Trainingsgelände und macht die Übungen. Danach stellt er sich wieder an der Fängerlinie an.

* Kurz gesagt wird alle 10 Sekunden ein neuer Fänger aufs Feld geschickt und der vorherige verlässt das Feld (wenn er niemanden gefangen hat) oder bleibt auf dem Feld (wenn er jemanden gefangen hat).

Hinweise:

✳ Es sollte immer nur ein Fänger im Feld sein.

✳ Das Trainingsgelände sollte in ausreichender Entfernung zum Spielfeld eingerichtet werden.

✳ Wenn sie jagen oder gejagt werden, dürfen weder Spieler noch Fänger aus dem Feld oder auf das Trainingsgelände rennen.

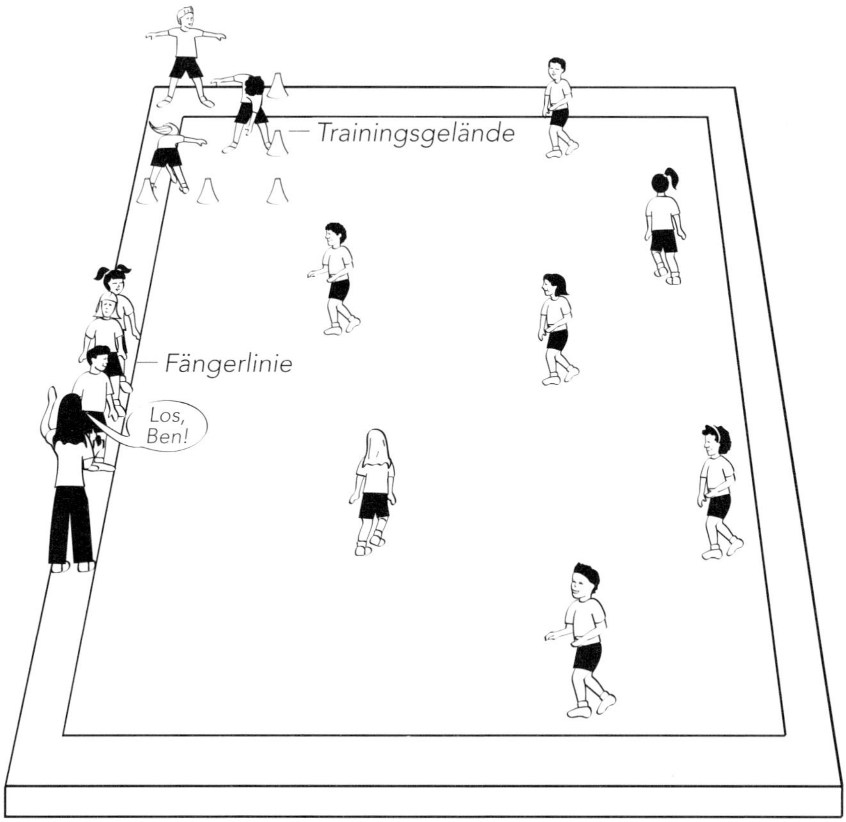

KAPITEL 1

Setz dich!

SO GEHT ES:

* Auf „Los" darf jeder Spieler jeden fangen, indem er ihn antippt.

* Gefangene Spieler müssen sich hinsetzen. Sobald der Spieler, der ihn gefangen hat, selbst gefangen wurde, darf der Gefangene wieder aufstehen und weiterspielen.

* Weisen Sie die Kinder darauf hin, dass sie auf den Spieler, der sie gefangen hat, aufpassen müssen. Nur so können sie wissen, wann sie wieder spielen dürfen.

* Bei diesem Spiel passiert es häufig, dass Spieler sich gleichzeitig antippen. Wenn das passiert, spielen sie „Stein, Schere, Papier", um zu entscheiden, wer sich setzen muss.

> **Geförderte Fertigkeiten:**
> Laufen, Handbeweglichkeit
>
> **Materialien:**
> keine
>
> **Aufstellung:**
> verteilt, alle Kinder sind Fänger

Hinweis:

Wenn jemand gefangen wurde, kurz bevor er einen anderen Spieler fängt, muss keine Entscheidung durch „Stein, Schere, Papier" stattfinden. Die Kinder sollten fair spielen.

VARIATION:

Jedes Kind hat eine Schaumstoff-Wurfscheibe, mit dem es versucht, andere Kinder abzuwerfen. Ein Spieler muss sich nur dann setzen, wenn ihn die Wurfscheibe unterhalb des Halses trifft.

Werfen, fangen, dribbeln –

Spielmaterialien

handhaben

Die **erste Übung** in diesem Kapitel „Mit Sportmaterialien umgehen lernen" (S. 66) zeigt, wie die Kinder sich dem Gebrauch von Seilchen, Bällen und anderen Kleingeräten annähern können. Sie können sie im Vorfeld von Spielen und Übungen einsetzen, bei denen diese Geräte gehandhabt werden. Auf diese Weise entwickeln die Kinder Modelle dafür, auf wie unterschiedliche Weise sie die Materialien einsetzen können.

Es folgen Übungen und Spiele, die es den Kindern ermöglichen, jedes **Gerät zu erkunden** und eine Beziehung dazu aufzubauen, bevor sie es in einer bestimmten Weise einsetzen sollen (siehe „Forscherteams" auf S. 69).

Die folgenden Spiele erfordern Teamwork, sind abwechslungsreich und mental wenig anstrengend. Den Kindern werden in diesem Kapitel zahlreiche Gelegenheiten geboten, bestimmte Fertigkeiten wie **Fangen, Werfen, Bälleschießen** oder **Dribbeln** während der Spiele zu trainieren.

Mit Sportmaterialien umgehen lernen

KAPITEL 2

SO GEHT ES:

❋ Die Annäherung an bestimmte Materialien oder Geräte besteht aus 4 Teilen: freies Erkunden, gelenktes Erkunden, zielgerichtete Aufgabenlösung und ausdrückliche Arbeitsaufträge.

❋ Hier ein Beispiel aus einer Springseil-Stunde:

> **Geförderte Fertigkeiten:**
> *nach Belieben*
>
> **Materialien:**
> *je nach gewählter Fertigkeit*
>
> **Aufstellung:**
> *jeder für sich, evtl. aber auch zu zweit oder in Kleingruppen*

1. *Freies Erkunden* – die Kinder beschäftigen sich einige Minuten frei mit dem Seil.

2. *Gelenktes Erkunden* (wenige Einschränkungen) – ermutigen Sie die Kinder, die vielen verschiedenen Möglichkeiten des Seilspringens auszuprobieren: vorwärts, rückwärts, sehr langsam, jeweils abwechselnd mit einem Bein, mit beiden Beinen, mit einem Partner.

3. *Zielgerichtete Aufgabenlösung* – Geben Sie den Kindern Fragen oder zu lösende Aufgaben, die sie näher an die Fertigkeit heranbringen, die Sie vermitteln möchten. Vermeiden Sie es jedoch noch, gezielte Anweisungen zu geben. Beispiel: „Springt so, wie ihr es am liebsten mögt, und haltet dabei euren Oberkörper gerade."

4. *Ausdrückliche Arbeitsaufträge* – Zeigen Sie den Kindern bestimmte Fertigkeiten direkt, z.B. wie man mit geschlossenen Füßen seilspringt, wie man nur einmal pro Seilumdrehung springt, wie man das Seil nur aus dem Handgelenk schwingt und so weiter. Die Kinder üben es dann.

SO GEHT ES:

Ziel dieser Übung ist, dass die Kinder viele verschiedene Sportmaterialien kennenlernen und deren unterschiedliche Anwendungsmöglichkeiten entdecken.

* Die Kinder dürfen mit den Gegenständen frei spielen.

* Alles ist erlaubt, solange alle Gruppenmitglieder einer Station mit einbezogen sind. Die Paare oder Gruppen dürfen sich eigene Spiele oder jede andere, auch unstrukturierte Aktivität mit den Gegenständen ausdenken.

* Achten Sie darauf, dass die Aktivitäten ungefährlich und friedlich sind.

* Die Kinder wechseln nach ein paar Minuten im Uhrzeigersinn zur nächsten Station.

Geförderte Fertigkeiten:

Handhaben von Sportmaterialien

Materialien:

Reifen für 10 bis 12 Stationen, jeweils ein Gegenstand (ggf. ein Gegenstands-Paar) pro Station, flotte Musik

Aufstellung:

2 Kinder pro Station (falls nötig, einzelne Dreiergruppen)

Geräte-Spaß-Parcours

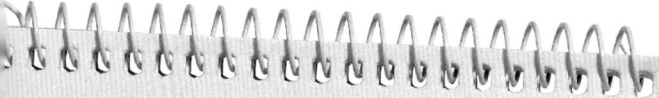

Geförderte Fertigkeiten:

Handhaben von Sportmaterialien

Materialien:

für 10 bis 12 Stationen, jeweils ein Gegenstand (ggf. ein Gegenstands-Paar) pro Station

Aufstellung:

paarweise

SO GEHT ES:

Diese Übung baut auf dem vorhergehenden „Was die Turnhalle hergibt" auf. Dieses Mal geben Sie jedoch vor, was die Kinder mit den Materialien machen sollen.

✳ Ordnen Sie die Stationen in einem großen Kreis innerhalb der Sporthalle oder auf dem Spielfeld an, und legen Sie die benötigten Materialien in die Reifen.

✳ Beispiele für Übungen: einen Stock auf dem Arm balancieren, ein Bohnensäckchen mit dem Ellenbogen in der Luft halten, ein Bohnensäckchen gezielt in einen Eimer werfen, seilspringen, ohne zu unterbrechen, mit einem Ball um den eigenen Körper dribbeln, einen Wasserball oder Ballon durch Schlagen in der Luft halten, einen Ballon mit leeren PET-Wasserflaschen hin- und herschlagen.

✳ Die Partner gehen nach jeweils ein paar Minuten im Uhrzeigersinn zur nächsten Station.

Forscherteams

Geförderte Fertigkeiten:

freies manipulatorisches Erforschen, Teamwork, Sozialkompetenz

Materialien:

nach Wahl

Aufstellung:

3er-Gruppen

SO GEHT ES:

Diese Übung ermöglicht es den Kindern, Dinge auszuprobieren und eigene Erfahrungen mit den Sportmaterialien aufzubauen, die normalerweise im Sportunterricht auftauchen. Auf diese Erfahrungen können sie zurückgreifen, wenn sie die Materialien dann auf eine vorgegebene Weise benutzen sollen, z.B. in einem Spiel.

* Teilen Sie die Kinder in 3er-Gruppen ein. Legen Sie so viele Bereiche an, wie Sie Gruppen haben. Jeden Bereich sollten Sie gleich mit Materialien ausstatten (zum Beispiel 10 Bereiche mit je einem Springseil, einem Reifen und einem Ball oder 7 Bereiche mit je einem Staffelstab, einem Rollbrett und einem Strandball)

* Jede Gruppe geht in einen der Bereiche und kann frei mit den Gegenständen spielen. Allerdings hat jede Gruppe die Aufgabe, eine Übung oder ein Spiel zu entwickeln, das man nachher mit allen Kindern durchführen kann.

* Ein Zeitraum von 15 Minuten hat sich für diese Übung als ideal erwiesen. Planen Sie zusätzliche Zeit ein, um die erarbeiteten Ideen auszutauschen.

KAPITEL 2 Schusstraining

SO GEHT ES:

* Die Partner schießen sich den Ball gegenseitig zu, auf Ihren Zuruf oder nach den Ideen aus dem „Variationen"-Abschnitt.

* Die Kinder sollen sich von Bällen anderer Paare nicht ablenken lassen oder sie sogar wegschießen.

* Ziel der Übung ist, den Ball auf so viele unterschiedliche Weisen wie möglich zum Partner zu schießen. Erinnern Sie die Kinder regelmäßig daran, den Schussfuß zu wechseln.

Geförderte Fertigkeiten:
Schießen eines Balles

Materialien:
1 Schaumstoffball (oder leichter Fußball) pro Paar

Aufstellung:
paarweise, die Partner stehen sich an den gegenüberliegenden Seiten des Spielfeldes gegenüber

* Beispiele für Schusstechniken: mit den Zehen („Picke"), mit der Fußinnenseite („Innenrist"), mit der Fußaußenseite („Außenrist"), mit der Ferse („Hacke"), mit der Fußoberseite („Spann"), mit dem Oberschenkel; den Ball fallen lassen, einmal aufprallen lassen und schießen; fallen lassen und schießen, bevor der Ball den Boden berührt; auf dem Rücken liegend Kopf zum Partner; rückwärts über den Kopf schießen, auf der Seite liegend schießen, Ball hochwerfen, springen und schießen.

VARIATIONEN:

* Lassen Sie die Kinder ein paar Minuten lang frei schießen.

* Ein Partner steht still mit gespreizten Beinen am anderen Ende des Spielfeldes. Die Kinder versuchen, durch dessen Beine zu treffen.

* Fragen Sie, wer Ideen für weitere Schusstechniken hat. Lassen Sie die Gruppe jede Technik bis zu eine Minute lang ausprobieren.

* Geben Sie jedem Paar eine andere Art von Ball. Nach jeweils ein paar Minuten sollen die Kinder ihren Ball an das Nachbarpaar abgeben.

Wurftraining

SO GEHT ES:

Diese Übung ist ähnlich wie „Schusstraining". Ziel ist, auf so viele unterschiedliche Arten zu werfen wie möglich.

* Die Partner werfen sich den Ball zu, nach Ihrer Vorgabe oder nach den Vorschlägen im „Variationen"-Abschnitt.

* Die Bälle anderer Paare dürfen nicht vom eigenen Ball ablenken.

* Erinnern Sie die Kinder daran, die Wurfhand zu wechseln.

* Beispiele: um die Achse drehen und werfen, springen und werfen, rückwärts werfen, beidhändig werfen, von unten werfen, von oben werfen, im Sitzen werfen, Brustwurf im Sitzen, im Liegen werfen.

Geförderte Fertigkeiten:
Werfen, Fangen

Materialien:
kleinere Schaumstoffbälle, verschiedene, ungefährliche Wurfobjekte (siehe „Variationen")

Aufstellung:
paarweise, die Partner stehen sich an den gegenüberliegenden Außenrändern des Spielfeldes gegenüber

VARIATIONEN:

* Lassen Sie die Kinder ein paar Minuten lang frei werfen, dabei können sie alle möglichen Wurftechniken ausprobieren.

* Fragen Sie, wer Ideen für weitere Wurftechniken hat. Lassen Sie die Gruppe jede Technik bis zu eine Minute lang ausprobieren.

* Geben Sie jedem Paar eine andere Art von Wurfgerät. Nach einigen Minuten wird getauscht. Beispiele: ein Strandball, eine Schaumstoffnudel, eine Schaumstoff-Wurfscheibe, ein Bohnensäckchen, ein platter Ball, ein Tischtennisball, ein Gummiball, ein Ball, der stark abprallt

* Nutzen Sie alle 3 Dimensionen des Werfens: Raum (hoch, tief, mittel, von unten/oben), Zeit (schnell, langsam, laufen und werfen) und Kraft (beidhändig sehr hart werfen, mit einer Hand, sehr weit werfen).

KAPITEL 2 Mein Lieblingskunststück

SO GEHT ES:

* Die Kinder zeigen der Gruppe der Reihe nach ihr Lieblingskunststück mit dem Ball.

* Nachdem die Gruppe diesen Trick ein paar Mal nachgemacht hat, ist das nächste Kind an der Reihe.

* Legen Sie Wert darauf, dass es nur darauf ankommt, dass jeder sein Bestes versucht. Es ist also nicht tragisch, wenn ein Kind es nicht schafft, einen Trick exakt nachzumachen.

Geförderte Fertigkeiten:
Fangen, Werfen, Schießen, Prellen u.a.

Materialien:
Gummi- oder Schaumstoffbälle

Aufstellung:
paarweise, Gruppen zu 4–6 Kindern oder gesamte Gruppe

* Sie können Kategorien bestimmen, um die Aufgabe anspruchsvoller zu gestalten. Beispiele dafür: Es dürfen nur die Hände für das Kunststücke benutzt werden, nur Beine und Füße, alle Körperteile dürfen benutzt werden; das Kunststück wird im Stehen, im Sitzen, im Gehen, im Laufen, gegen die Wand, beim Weitergeben an einen Partner ausgeführt.

VARIATION:

Diese Übung kann auch mit jeder anderen Art von ungefährlichen Gegenständen durchgeführt werden.

10 Methoden, einen Ball rüberzubringen

SO GEHT ES:

Diese Aufwärmübung macht Spaß und zielt auf vielfältige Erfahrungen ab. Ermutigen Sie die Kinder zu Kreativität.

✳ Die Kinder sollen das Spielfeld 10-mal überqueren und dabei jedes Mal eine andere Aufgabe mit dem Ball erledigen bzw. ihn auf eine andere Art transportieren.

✳ Ermutigen Sie die Kinder zu eigenen Ideen, und loben Sie sie dafür. Die Kinder sollen den Ball beim Überqueren nicht einfach in der Hand halten, dürfen sich aber Tricks von anderen Kindern abgucken.

✳ Erinnern Sie die Kinder daran, im Kopf zu behalten, wie oft sie schon das Feld überquert haben, und keine Möglichkeit 2-mal anzuwenden.

Geförderte Fertigkeiten:

Freies Erkunden lokomotorischer und manipulativer Fertigkeiten

Materialien:

Gummibälle/Plastikbälle

Aufstellung:

Die Kinder stehen Seite an Seite in einer Reihe auf einer Seite des Spielfeldes. Jedes Kind hat einen Ball.

KAPITEL 2   Fang was!

SO GEHT ES:

Dieses Spiel wurde von meinen Schülern entwickelt, und sie haben viel Spaß daran.

❋ Jede Gruppe bildet einen Kreis. Ein Spieler steht in der Mitte.

❋ Jeder Spieler im Kreis hält einen Gegenstand fest, nur derjenige in der Mitte hat leere Hände.

❋ Auf „drei" werfen die Spieler ihre Gegenstände Richtung Mitte in die Luft.

❋ Alle Spieler versuchen, einen Gegenstand zu fangen. Da es aber mehr Spieler als Gegenstände gibt, wird immer ein Spieler ohne Beute bleiben. Dieser Spieler begibt sich zur Mitte.

❋ Erwischt ein Spieler zwei Mal hintereinander keinen Gegenstand, muss er eine Aufgabe erledigen, die sich die Gruppe für ihn ausdenkt. Diese Aufgabe sollte einfach sein, wie zum Beispiel eine Runde joggen, ein paar Hampelmänner, drei Sit-Ups.

❋ Fangen zwei Spieler einen Gegenstand gleichzeitig, so entscheiden sie per „Stein, Schere, Papier", wer den Gegenstand behalten darf.

Geförderte Fertigkeiten:
Blickregulierung, Werfen, Fangen

Materialien:
verschiedene Wurfgegenstände, z.B. verschieden große Bälle, Bohnensäckchen, Wurfscheiben, Gummihühner, alles, was nicht zu schwer ist und kein Verletzungsrisiko birgt

Aufstellung:
Gruppen zu 4–5 Kindern

Hinweis:

Weisen Sie die Kinder darauf hin, dass sie aufpassen müssen, wo sie hin-
laufen. Da sie nach oben zu den Gegenständen schauen werden, könnten
sie einen entgegenkommenden Spieler übersehen.

KAPITEL 2 — Der Tast-Test

SO GEHT ES:

Diese Übung bereitet spätere Übungen zum Thema Fangtechnik vor sowie Übungen zu jeder anderen Fertigkeit, die feinmotorisches Geschick voraussetzt.

* Legen Sie alle Gegenstände in die Mitte des Spielfeldes.

* Einer der Partner sitzt mit dem Rücken zur Mitte ein paar Meter von den Gegenständen entfernt. Die Hände hat er dabei mit den Handflächen nach oben hinter dem Rücken.

Geförderte Fertigkeiten:
Tastsinn

Materialien:
viele verschiedene Gegenstände unterschiedlicher Größe und Form

Aufstellung:
paarweise

* Spieler Nummer 2 sucht sich einen Gegenstand aus der Mitte aus und legt ihn in die Hände des sitzenden Spielers. Dieser befühlt den Gegenstand hinter seinem Rücken und merkt sich Größe, Form, Oberflächenstruktur usw.

* Spieler 2 legt den Gegenstand wieder in die Mitte und nimmt den Platz seines Partners ein. Dieser versucht, den gefühlten Gegenstand wiederzufinden.

* Um das Spiel einigermaßen herausfordernd zu gestalten, sollte jeder nur einen Versuch haben, den Gegenstand zu bestimmen.

Reifenspaß

SO GEHT ES:

* So wie bei „Geräte-Spaß-Parcours" werden auch hier 10 bis 12 Stationen mit spaßigen Aufgaben eingerichtet. Ein Schild mit kurzen, klaren Anweisungen hilft den Kindern.

* Beispiele für Übungen:
  1. Drehe den Reifen, indem du ihn senkrecht auf den Boden stellst und drehst. Versuche, hineinzuspringen, ohne ihn zu berühren.
  2. Siehe 1, aber springe auch wieder heraus, ohne ihn zu berühren.
  3. Wirf den Reifen vorsichtig waagerecht über deinen Kopf und stelle dich so darunter, dass er über deinen Körper fällt.
  4. Rolle den Reifen mit einer starken Rückwärtsdrehung über den Boden, sodass er zu dir zurückkehrt.
  5. Drehe den Reifen an verschiedenen Körperteilen.
  6. Klemme dir mit deinem Partner einen Ball zwischen eure Köpfe, sodass ihr euch anschaut. Stellt den Reifen auf und versucht nun, durch ihn durchzusteigen, ohne dass der Ball auf die Erde fällt.
  7. Wirf den Reifen vorsichtig waagerecht zu deinem Partner. Fangt den Reifen mit beiden Händen und abseits des Körpers.
  8. Benutze den Reifen als Springseil.
  9. Rolle den Reifen und steige hindurch.
  10. Stell dich mit deinem Partner in den Reifen. Haltet ihn ohne eure Hände auf Hüfthöhe und lauft auf verschiedene Weisen durch die Halle, ohne dass ihr den Reifen anfasst oder der Reifen fällt.
  11. Dein Partner hält den Reifen senkrecht auf dem Boden. Steige nun auf verschiedene Weisen hindurch. Tauscht die Plätze.

Geförderte Fertigkeiten:
freies manipulatorisches Erkunden

Materialien:
1 Gymnastikreifen pro Spieler, 1 Schaumstoffball für eine der Stationen

Aufstellung:
Paarweise. 10 bis 12 Stationen. An jeder Station liegen 2 bis 3 Reifen sowie ein kurzer Arbeitsauftrag.

Hula-Torwart

SO GEHT ES:

* Der Spieler in der Mitte lässt den Reifen um die Hüfte kreiseln, während die anderen Kinder versuchen, den Schaumstoffball leicht durch den Reifen zu werfen.

* Der Torwart darf versuchen, den Ball mit den Händen abzuwehren.

* Die Spieler im Kreis dürfen den Ball, statt selbst zu werfen, auch zu einem Mitspieler passen.

* Schafft es ein Spieler, den Ball durch den Reifen zu werfen, während der Torwart den Reifen kreiseln lässt, übernimmt der Torschütze die Torwartposition.

Geförderte Fertigkeiten:

Hula-Hoop-Kreiseln, Zielwerfen, Blocken, Auge-Hand-Koordination

Materialien:

4 Hula-Hoop-Reifen, 4 Schaumstoffbälle

Aufstellung:

• Teilen Sie die Kinder in 3–4 Gruppen ein.
• Jede Gruppe steht im Kreis, ein Spieler lässt den Reifen um die Hüfte kreiseln und steht in der Mitte, das ist der Hula-Torwart.
• Die Spieler, die den Kreis bilden, sollten mindestens 3 große Schritte vom Torwart in der Mitte entfernt sein.

Hinweise:

* Natürlich kann nicht jedes Kind den Reifen perfekt um die Hüfte kreiseln lassen. Ermutigen Sie sie, wenn sie versuchen, den Reifen in Bewegung zu halten.

* Harte Würfe sind verboten. Der Ball muss leicht geworfen werden.

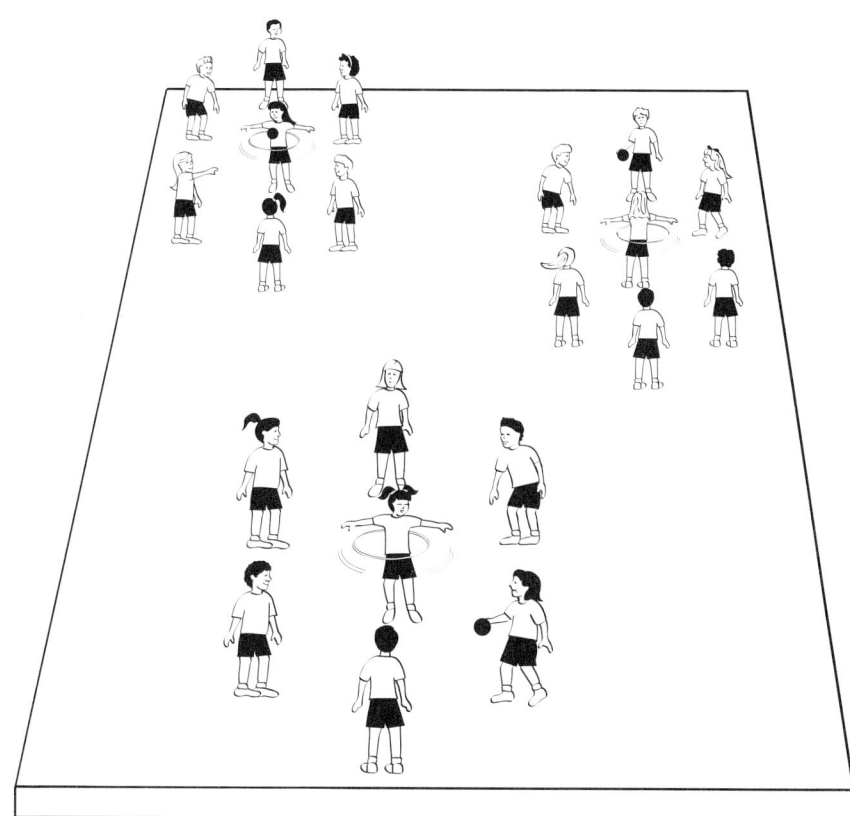

Superkreisel

JO GEHT EJ:

* Zu Anfang lassen alle Kinder mit Reifen diesen um ihre Hüfte kreiseln. Die Jäger bewegen sich zwischen ihnen.

* Wenn ein Reifen aufhört, zu kreiseln, oder von der Hüfte fällt, muss das betreffende Kind zu einem anderen Reifen laufen oder so lange vor den Jägern flüchten, bis ein anderer Reifen frei wird. Solange sich ein Spieler außerhalb eines Reifens befindet, darf er abgeworfen werden. Dazu versuchen die Jäger, diese Spieler mit dem Strandball zu treffen.

* Werden sie getroffen, tauschen sie mit einem Jäger die Rollen.

Geförderte Fertigkeiten:
Hula-Hoop-Kreiseln, Laufen, Werfen, Ausweichen

Materialien:
3 Hula-Hoop-Reifen weniger als Kinder, 3 Strandbälle

Aufstellung:
* Verteilen Sie die Reifen auf dem Boden. Alle Kinder bis auf 3 stellen sich in einen Reifen. Pro Reifen ist nur ein Kind erlaubt.
* Die 3 übrigen Kinder sind die Jäger, sie bekommen je einen Schaumstoffball.

Hinweise:

* Die Jäger müssen in Bewegung bleiben. Es ist nicht erlaubt, einen Spieler zu belauern, bis dieser seinen Reifen fallen lässt.

* Kinder, die mit dem Hula-Hoop gut umgehen können und daher den Reifen wahrscheinlich nicht fallen lassen würden, dürfen zu einem anderen Reifen rennen, sobald sie 10 oder 20 Umdrehungen geschafft haben.

* Die Jäger dürfen die Bälle werfen, Treffer zählen aber nur ab der Schulter abwärts. Auf Kopf oder Gesicht zu zielen, ist verboten.

Jäger

Hoch damit!

SO GEHT ES:

* Die Gruppe verteilt sich über das Spielfeld. Geben Sie den Kindern einen Strandball.

* Ziel des Spiels ist, den Ball so viele Würfe wie möglich in der Luft zu halten, ohne dass er auf den Boden fällt. Jedes Mal, wenn jemand den Ball in die Luft schlägt, zählt die Gruppe laut mit.

* Fällt der Ball auf den Boden, hebt ihn der nächste Spieler auf und startet eine neue Runde.

* Jede neue Runde ist ein neuer Rekordversuch.

* Die Kinder dürfen den Ball mit jedem Körperteil treffen. Weisen Sie sie jedoch darauf hin, dass die Hände am besten dafür geeignet sind, den Ball hoch-, anstatt von der Gruppe wegzuschlagen.

Geförderte Fertigkeiten:
Teamwork, Zielwurf, Auge-Hand-Koordination

Materialien:
1 Strandball

Aufstellung:
gesamte Gruppe zusammen

Hinweise:

* Dieses Spiel fordert und fördert Zusammenarbeit. Die Kinder spielen füreinander und nicht gegeneinander. Sie sollten ihr Bestes für den Erfolg der Gruppe geben.

* Weisen Sie die Kinder darauf hin, dass der Ball nicht von der Gruppe weggeschlagen werden soll.

Luftballontennis

Geförderte Fertigkeiten:

Blickregulierung, Auge-Hand-Koordination, Schlagen

Materialien:

1 Luftballon pro Paar, ggf. Springseile

Aufstellung:

paarweise – ein Partner auf jeder Seite einer Linie (oder eines Springseils auf dem Boden)

SO GEHT ES:

Dieses Spiel eignet sich gut, die Blickregulierung, also das Verfolgen mit den Augen, für spätere Ballspiele zu trainieren. Setzen Sie bei kleinen Kindern so oft wie möglich Ballons ein.

✳ Die Partner stehen auf den gegenüberliegenden Seiten einer Linie. Sie versuchen, den Luftballon über die Linie zum Partner zu schlagen. Dabei können sie alle Körperteile einsetzen. Lassen Sie sie zählen, wie oft sie es hintereinander schaffen, den Ballon über die Linie zu schlagen, ohne dass er die Erde berührt.

✳ Jeder Spieler darf den Ballon nur einmal berühren, danach muss er über die Linie fliegen. Schafft der Ballon das nicht, ist die Reihe unterbrochen, und die Spieler zählen von vorne.

✳ Jede neue Runde ist ein neuer Rekordversuch.

KAPITEL 2

Hoch und weg!

SO GEHT ES:

Luftballons geben den Kindern viele Gelegenheiten, das Timing von Schlagen und Fangen zu üben. Dieses Spiel haben sich meine Schüler ausgedacht.

* Ziel des Spiels ist, den Ballon in der Luft zu halten und gleichzeitig nicht gefangen zu werden. Ziel für den Fänger ist, den Spieler, der als Letztes den Ballon berührt hat, zu fangen, bevor der nächste Spieler den Ballon berührt. Pro Gruppe gibt es einen Fänger.

* Der Fänger sollte als solcher gekennzeichnet sein, z.B. durch ein Parteiband.

Geförderte Fertigkeiten:
Blickregulierung, Auge-Hand-Koordination, Schlagen

Materialien:
Parteibänder/Trainingswesten, Gummihühner oder andere Gegenstände zur Auszeichnung; 1 Luftballon pro Gruppe

Aufstellung:
Gruppen zu 5 oder 6 Kindern

* Die anderen Spieler laufen durcheinander und schlagen den Ballon in die Luft. Dabei müssen sie immer darauf achten, wo der Fänger ist.

* Schafft es der Fänger, den Spieler, der zuletzt den Luftballon berührt hat, anzutippen, bevor ein anderer Spieler den Ballon berührt, so tauschen diese beiden Spieler die Rollen, und das Spiel beginnt von Neuem.

Fänger

Ein halbes Dutzend Eier

Geförderte Fertigkeiten:

Passen, Fangen, Hampelmann-Sprünge

Materialien:

3 Schaumstoffbälle

Aufstellung:

Teilen Sie die Kinder in 3 Gruppen auf.
Jede Gruppe stellt sich im Kreis auf.

SO GEHT ES:

Das Spiel eignet sich prima für jüngere Kinder.

* Die Gruppenmitglieder werfen sich einen Schaumstoffball („Ei") gegenseitig schnell und ohne Reihenfolge zu.

* Fällt der Ball auf den Boden, muss die Gruppe einen Hampelmann ausführen.

* Fällt der Ball ein zweites Mal zu Boden, müssen sie zwei Hampelmänner machen, drei für das dritte Mal und so weiter bis zu sechs. An diesem Punkt haben sie ein halbes Dutzend Eier zerschlagen.

* Die Gruppe vollführt 6 Hampelmänner und bildet einen Zug, indem die Kinder sich an der Hüfte des Vordermanns festhalten. Anschließend tuckern sie durch die Gegend, um mehr Eier zu kaufen (dabei können sie auch ein Lied singen).

* Wenn die Gruppe an ihrem Ausgangsort angekommen ist, beginnt das Spiel von vorne mit Teil 1, bis wieder 6 Eier zerbrochen wurden.

Hinweise:

* Die Spieler sollen sich die „Eier" vernünftig zuwerfen, damit sich niemand weh tut und jeder die Chance hat, sein Ei zu fangen. Es ist verboten, die Eier absichtlich auf die Erde zu werfen.

* Wird der Zug gebildet, setzt sich jedes Mal ein anderes Kind an die Spitze und bestimmt den Kurs.

KAPITEL 2 — Sieben Würfe

Geförderte Fertigkeiten:

Werfen, Fangen, Hüpfen, Balancieren, Seilspringen, Hula-Hoop-Kreiseln u.a.

Materialien:

ein Korb mit Schaumstoffbällen in der Mitte des Spielfeldes

Aufstellung:

Alle Spieler stehen auf einer Linie (bzw. siehe „Variationen"-Abschnitt).

SO GEHT ES:

* Zu Anfang müssen die Spieler entweder 30 Schritte auf einer Linie gehen oder 15-mal auf einer Linie hüpfen; jeweils, ohne die Linie zu verlassen.

* Spieler, die ihre Linie verlassen, müssen bei null neu anfangen.

* Nach den 30 Schritten (bzw. 15 Hüpfern) begibt sich der Spieler in die Spielfeldmitte und fordert einen verfügbaren Spieler (d.h. einen Spieler, der seine Linie ebenfalls erfolgreich gemeistert hat) heraus. Der herausfordernde Spieler wirft den Ball nun auf eine bestimmte Art 7-mal in die Luft und fängt ihn wieder. Der herausgeforderte Spieler muss das auf dieselbe Art schaffen.

* Anschließend darf der zweite Spieler seinen Herausforderer mit einer eigenen Wurf- und Fangtechnik herausfordern.

* Lässt ein Spieler seinen Ball fallen, so muss er sich wieder auf die Linie begeben und von Neuem beginnen. Das gilt sowohl für den Herausforderer als für den Herausgeforderten.

Hinweis:

Ermutigen Sie die Kinder, sich viele unterschiedliche Wurf- und Fangtechniken auszudenken. Schlagen Sie Positionen im Sitzen, Liegen oder Knien vor.

Beispieltechniken:

* werfen, in die Hände klatschen, fangen
* wie zuvor, jedoch 2-mal klatschen
* hinter dem Rücken klatschen und fangen
* einmal vor dem Bauch und einmal hinter dem Rücken klatschen und fangen
* unter einem Bein klatschen und fangen
* unter beiden Beinen klatschen und fangen
* werfen, um die eigene Achse drehen und fangen
* werfen, den Boden berühren und fangen
* werfen, die eigene Nase berühren und fangen
* werfen, den eigenen Knöchel berühren und fangen
* gegen die Wand werfen, klatschen und fangen
* gegen die Wand werfen, um die eigene Achse drehen und fangen
* eine Kombination aus den vorhergehenden Techniken

VARIATION:

Neben Laufen oder Hüpfen auf der Linie können auch andere Aufgaben für diese Übung verwendet werden. Einige Beispiele sind 10- bis 20-mal seilhüpfen, einen Basketball 20-mal dribbeln, Hampelmänner, Hula-Hoop-Kreiseln oder 20 gehockte Sprünge. Dieses Spiel eignet sich wunderbar, um Kinder mit bestimmten Fertigkeiten in Kontakt zu bringen oder bereits bekannte zu trainieren.

Schneller als der Luftballon

∫O GEHT E∫:

✳ Die Spieler stehen in einem gro-
ßen Kreis um einen Eimer. Jedes
Kind hält einen Tennisball in der
Hand.

✳ Einer der Spieler schlägt den
Luftballon in die Luft und läuft
sofort zum Eimer, um seinen
Tennisball hineinzulegen, bevor
der Luftballon wieder auf der
Erde landet. Die anderen
Spieler machen der Reihe
nach dasselbe.

✳ Jedes Mal, wenn die ganze
Gruppe diese Aufgabe erfolgreich geschafft hat, bekommt
sie einen Punkt.

Geförderte Fertigkeiten:

Blickregulierung, Auge-Hand-
Koordination, allgemeine
Beweglichkeit

Materialien:

Eimer, Tennisbälle, Luftballons
(Strandbälle für ältere Kinder)

Aufstellung:

gruppenweise zu je 5 Kindern

══ VARIATION:

Erhöhen Sie den Schwierigkeitsgrad, indem Sie statt Luftballons Strandbälle
verwenden.

Sternchen treffen

JO GEHT EJ:

* Spieler mit einem Luftballon laufen frei über das Spielfeld und halten ihren Ballon mit Schlägen in der Luft. Solange die Ballons in der Luft sind, sind sie Sternchen.

* Die Spieler mit den Wurfscheiben versuchen, mit ihren Scheiben die Ballons abzuwerfen, solange sie in der Luft sind.

* Wird ein Luftballon abgeworfen, tauschen sein Inhaber und derjenige, der getroffen hat, die Rollen.

* Ballons dürfen nicht abgeworfen werden, solange sie die Hand eins Spielers oder den Boden berühren. Nur „Sternchen" dürfen getroffen werden.

Geförderte Fertigkeiten:
Wurfscheibe-Werfen, Schlagen

Materialien:
Luftballons und weiche Wurfscheiben (vorzugsweise aus Schaumstoff)

Aufstellung:
Die Kinder werden in 2 Gruppen aufgeteilt; eine Gruppe erhält Luftballons, die andere Wurfscheiben.

Scheiben-Jagd

SO GEHT ES:

✳ Die Jäger werfen die Wurfscheiben nach den umherlaufenden Spielern und versuchen, sie unterhalb der Schulter zu treffen.

✳ Die übrigen Spieler versuchen, die Wurfscheiben mit ihren Laserschwertern abzuwehren, sodass sie nicht von ihnen berührt werden.

✳ Wird ein Spieler gültig (also unterhalb der Schultern) getroffen, so tauscht er seine Rolle mit demjenigen, der ihn getroffen hat. Seinen Fänger sofort zurückzufangen, ist nicht erlaubt.

Geförderte Fertigkeiten:

Werfen, Auge-Hand-Koordination, Handgeschicklichkeit

Materialien:

weiche Schaumstoff-Wurfscheiben, Schaumstoffstangen (alternativ leere PET-Flaschen) als „Laserschwerter"

Aufstellung:

• 5–6 Jäger mit je 1 Wurfscheibe
• Die anderen Spieler haben je 1 Stange als Laserschwert und sind über das Spielfeld verteilt.

Immer in Bewegung

SO GEHT ES:

Ziel des Spiels ist, alle Bälle
2 Minuten lang durch Schießen
in Bewegung zu halten.

* Die gesamte Gruppe spielt
  gegen den Lehrer.

* Die Kinder erhalten zu Anfang
  jeder 2-Minuten-Runde
  10 Punkte. Jedes Mal, wenn
  ein Ball still liegen bleibt,
  verlieren sie einen Punkt.

* Zählen Sie laut, wenn ein
  Punkt verloren geht.

* Wenn die Zeit um ist, wird
  ausgewertet. Haben die Kin-
  der mehr als 5 Punkte verloren (Sie haben also mehr als 5 Bälle anhalten
  sehen), gewinnen Sie. Haben sie weniger als 5 Bälle verloren, haben die
  Kinder Sie geschlagen (Hurra!).

* Sie können das Spiel 2- bis 3-mal wiederholen und jeweils die Anzahl
  der Bälle und damit den Schwierigkeitsgrad erhöhen.

Geförderte Fertigkeiten:

Laufen, Schießen eines Balls

Materialien:

Plastik- oder Schaumstoffbälle
für ¾ der Kinder

Aufstellung:

Die Bälle liegen in der Spielfeldmitte, die Spieler stehen drum-
herum, bereit, zu schießen.

Das Feld räumen

SO GEHT ES:

* Die Spieler verteilen sich über ihre Spielfeldhälfte. Jeder Spieler sollte einen Schaumstoffball haben und bereit sein, zu schießen.

* Auf „Los" schießen die Spieler ihre Bälle in die gegnerische Hälfte.

* Die Hände dürfen nicht benutzt werden, um Bälle wegzuschlagen oder zu stoppen. Es darf nur mit den Füßen geschossen werden.

* Ziel des Spiels ist, die eigene Hälfte „aufgeräumter" zu halten als die des gegnerischen Teams, also weniger Bälle in der eigenen Hälfte zu haben. Die Spieler sollten Bälle, die in ihre Hälfte gelangen, so schnell wie möglich wieder hinüberschießen.

Geförderte Fertigkeiten:
Laufen, Schießen eines Balls

Materialien:
1 Schaumstoffball für jedes Kind

Aufstellung:
* *Teilen Sie die Kinder in 2 Gruppen.*
* *Die Gruppen stellen sich an den entgegengesetzten Seiten der Turnhalle auf.*
* *Die Mittellinie darf nicht überquert werden.*

* Wenn Sie nach 1 Minute in die Trillerpfeife blasen, dürfen sich die Kinder nicht mehr bewegen und keine Bälle mehr berühren.

* Die Bälle auf jeder Seite werden gezählt, und das Team mit der aufgeräumteren Hälfte (mit weniger Bällen) bekommt einen Punkt und Applaus.

* Das Spiel startet von Neuem.

Hinweise:

* Der Schwerpunkt dieses Spiels liegt im Spaß daran, Hunderte von Bällen zu schießen – nicht darin, zu gewinnen.

* Erinnern Sie die Spieler ggf. daran, dass sie die Mittellinie nicht überqueren dürfen.

Fußbälle dribbeln und stoppen

Geförderte Fertigkeiten:
Dribbeln (Fußball), Stoppen

Materialien:
1 Ball pro Spieler

Aufstellung:
verteilt

SO GEHT ES:

* Jeder Spieler hat zu Anfang einer Runde 10 Punkte.

* Auf „Los" gehen oder laufen die Kinder über das Spielfeld und versuchen dabei, den Ball so eng wie möglich am Fuß zu halten und ihn zu stoppen, bevor er etwas anderes oder jemanden berührt.

* Jedes Mal, wenn der Ball etwas berührt, verliert sein Besitzer einen Punkt.

* Eine Runde dauert 1 Minute. Spielen Sie 3 Runden, um den Kindern die Möglichkeit zu geben, sich zu verbessern.

* Zeigen Sie den Kindern vor dem Spiel, wie man Bälle leicht vorwärtsschießt, den Fuß wechselt und Bälle stoppt.

Hinweis:

Weisen Sie die Kinder darauf hin, dass es nicht um einen Wettkampf geht und dass das Punktezählen der eigenen Einschätzung dient.

KAPITEL 2 Höhlenmenschen-Fußball

SO GEHT ES:

* Zu Anfang des Spiels steht jede Gruppe in ihrer eigenen Höhle.

* Auf „Los" rennen alle Kinder zur Mitte und dribbeln einen Ball zu ihrer eigenen Höhle. Dabei sind nur Fußball-Techniken erlaubt, die Hände dürfen nicht zur Hilfe genommen werden.

* Ein Spieler darf entweder einen eigenen Ball zur Höhle dribbeln oder versuchen, einem gegnerischen Spieler den Ball abzunehmen, bevor er in die gegnerische Höhle gelangt.

* Bälle, die innerhalb einer Höhle liegen, können nicht mehr geklaut werden.

* Sind keine Bälle mehr übrig, zählt jede Gruppe die Bälle in ihrer Höhle, und die Gruppe mit den meisten Bällen bekommt eine Runde Applaus (Punkte sind nicht nötig).

* Die Bälle werden wieder in die Mitte gelegt, und das Spiel beginnt von vorne.

Geförderte Fertigkeiten:
Schießen und Dribbeln (Fußball)

Materialien:
12 Pylonen, Plastik- oder stabile Schaumstoffbälle (mehr Bälle als Spieler)

Aufstellung:
* Teilen Sie die Kinder in 3 Gruppen.
* Jede Gruppe begibt sich in ihre „Höhle" (Quadrat aus 4 Pylonen). Die Höhlen sind weit voneinander entfernt aufgebaut.
* Die Bälle liegen in der Mitte des Spielfeldes, sodass sie von jeder Höhle gleich weit entfernt sind.

Hinweise:

* Die Kinder sollten die grundlegenden Fairnessregeln des Fußballs befolgen: Kein Ziehen oder Schubsen beim Versuch, einen Ball abzujagen.

* War ein Ball einmal in der Höhle, kann er nicht mehr geklaut werden, auch wenn er wieder hinausrollt.

PROFI-TIPP

Es gehört zum klassischen Fußballtraining, Kinder um Pylonen dribbeln zu lassen. Das kann sinnvoll sein, wenn es sich um den allerersten Versuch handelt, einen Ball mit den Füßen zu steuern. Danach werden die Kinder sehr viel mehr Nutzen daraus ziehen, wirklich umeinander herum zu spielen und zu dribbeln. Dribbeln und Passen kann man trainieren, ohne stumpfsinniges Training an Pylonen. Das Spiel „Höhlenmenschen-Fußball" habe ich als Beispiel dafür entwickelt.

KAPITEL 2 Kreuzfeuer

SO GEHT ES:

Dieses Spiel wird von Kindern mit Begeisterung gespielt. Die Regeln müssen allerdings streng eingehalten werden, damit es gelingt und fair bleibt.

✳ Die Gruppe, die außen um den Kreis herumsteht, hat einen Ball. Diesen Ball schießen die Spieler flach in Richtung Mitte. Ziel ist es, einen Spieler aus der Kreismitte unterhalb der Hüfte zu treffen.

✳ Die Spieler im Kreis dürfen springen, ausweichen und sich ducken, um zu vermeiden, dass sie getroffen werden.

✳ Spieler, die getroffen wurden, begeben sich zu den äußeren Spielern und helfen, die restlichen Mittelspieler zu treffen.

✳ Wenn nur noch wenige Spieler in der Mitte sind, beginnt das richtige Kreuzfeuer: Bringen Sie einen zweiten Ball ins Spiel. Das Spiel endet, wenn nur noch 1 Spieler in der Mitte steht.

✳ Starten Sie das Spiel von vorne mit getauschten Rollen, das heißt, wer vorher als Mittelspieler angefangen hatte, beginnt nun als Kreisspieler und umgekehrt.

Geförderte Fertigkeiten:

Schießen eines Balls, Ausweichen, Körperdrehungen, Springen

Materialien:

2 Schaumstoffbälle (oder andere leichte, weiche Bälle)

Aufstellung:

Teilen Sie die Kinder in 2 Gruppen. Eine Gruppe steht um einen großen Kreis (durch Linien markiert) herum, die andere Gruppe steht in der Mitte.

Hinweise:

✳ Der Ball sollte nicht fest geschossen werden. Wenn die Kinder mit der Fußinnenseite und mit dem Fuß knapp über dem Boden schießen, werden hohe Bälle und Gesichtstreffer vermieden. Die Spieler in der Mitte sollten vom Ball nur getroffen, aber nicht umgehauen werden.

✳ Halten Sie die Kreisspieler dazu an, den Ball untereinander in Bewegung zu halten. Auch zum Schießen sollte der Ball nicht gestoppt werden. So wird das Spiel schneller.

✳ Achten Sie auf Fairness. Sorgen Sie dafür, dass getroffene Spieler auch wirklich die Mitte verlassen, um die Kreisspieler zu unterstützen.

Megafußball

SO GEHT ES:

Bei Spielen mit Wettbewerbscharakter ist es wichtig, dass alle Spieler das Gefühl haben, einen Anteil zum Sieg beitragen zu können. Sie können dies fördern, indem Sie folgende Regel aufstellen: Sieger ist nicht das Team mit den meisten Toren, sondern das mit den meisten Torschützen.

✳ Dieses Spiel wird wie Fußball gespielt, die Tore bestehen aus den gesamten hinteren Wänden. Berührt der Ball die Wand hinter den Torwarten unterhalb ihrer Kopfhöhe, zählt dies als Tor, und das Spiel wird von der Mitte aus neu angestoßen.

✳ Die Torwarte dürfen alle Körperteile einsetzen. Abstöße mit dem Fuß sind jedoch nicht erlaubt, der Ball muss ins Spielfeld zurückgeworfen werden.

✳ Berührt ein Torwart außerhalb der Torwartzone den Ball, bekommt die gegnerische Mannschaft einen Freistoß am Mittelpunkt.

Geförderte Fertigkeiten:
alle Fußballfertigkeiten

Materialien:
Schaumstoffball, Parteibänder/ Trainingswesten; es sollten Spielfeldmarkierungen und Wände vorhanden sein

Aufstellung:
• Teilen Sie die Kinder in 2 Mannschaften auf und jede Mannschaft in 2 gleich große Gruppen von jeweils Torwarten und Stürmern.
• Die Torwarte stehen hinter einer Linie, die das Spielfeld etwa 3 Meter vor der hinteren Wand durchquert. Ihre Aufgabe besteht darin, die gesamte Wand hinter ihnen zu beschützen.
• Die Stürmer dürfen die Torwartbereiche nicht betreten, sie spielen nur zwischen den Linien.

✳ Stürmer dürfen ihre Hände nicht einsetzen und den Torwartbereich nicht betreten. Berührt ein Stürmer den Ball mit der Hand, bekommt die gegnerische Mannschaft einen Freistoß am Mittelpunkt.

✳ Tauschen Sie alle paar Minuten Stürmer und Torwarte.

Hinweis:

Achten Sie strikt auf die Einhaltung der Regeln. So vermitteln Sie den Kindern, dass sie Regeln befolgen müssen, damit das Spiel für jeden fair ist.

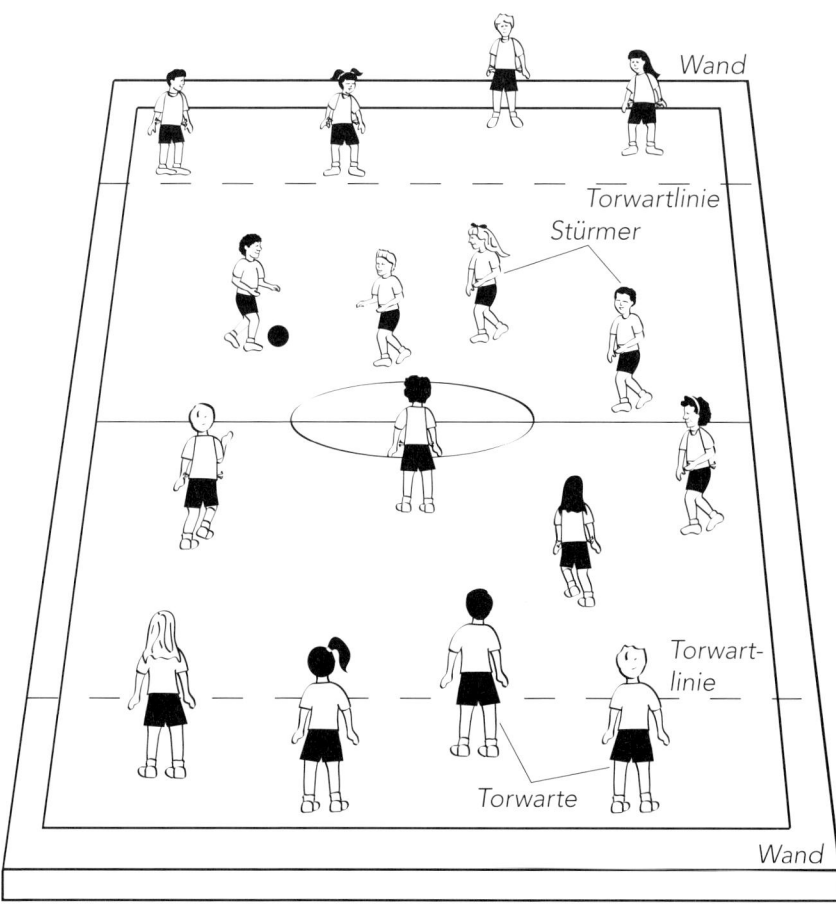

KAPITEL 2 Tunneln

SO GEHT ES:

„Tunneln" im Fußball bedeutet, den Ball durch die Beine des Gegenspielers zu passen, um den Spieler herumzulaufen und den Ball weiterzudribbeln.

* Auf „Los" gehen oder laufen die Spieler über das Spielfeld und halten dabei den Ball eng am Fuß (dribbeln).

* Die Spieler versuchen, den Ball leicht durch die Beine eines anderen Spielers zu schießen, um den Spieler herumzulaufen und mit demselben Ball weiterzudribbeln. Dabei zählen sie mit, wie oft ihnen dieses Kunststück gelingt.

* Wiederholen Sie die Übung 2- oder 3-mal, um den Kindern die Gelegenheit zu geben, ihre Bestmarken zu verbessern.

Geförderte Fertigkeiten:
Dribbeln (Fußball), Laufen

Materialien:
1 Plastik-, Schaumstoff- oder Fußball pro Spieler (für jüngere Spieler eignet sich am besten ein robuster Schaumstoffball)

Aufstellung:
verteilt

Hinweis:

Vor diesem Spiel können Sie die Kinder einige Minuten lang üben lassen: Erst sollen sie gehen und dabei den Ball unter Kontrolle behalten, dann laufen, anschließend auf ein Signal den Ball stoppen.

VARIATION:

Wenn der komplexe Bewegungsablauf noch zu schwer für die Kinder ist, kann sich die Hälfte der Gruppe mit gegrätschten Beinen hinstellen, die andere Hälfte tunnelt. Nach ein paar Minuten ist Rollenwechsel.

Extremfußball

Geförderte Fertigkeiten:

Schießen von Bällen, Zielen, Kopfbälle, Dribbeln

Materialien:

2 große, leichte Bälle – am besten unterschiedlich groß, Tore/Tormarkierungen

Aufstellung:

2 Gruppen, eine auf jeder Seite des Spielfeldes; keine Torwarte

SO GEHT ES:

Extremfußball ist meine bevorzugte Fußballvariation für jüngere Kinder. Sie lieben die Freiheit, so ziemlich alles mit dem Ball anstellen zu dürfen, was sie wollen. Jede Methode, den Ball zu spielen, ist erlaubt, nur Aufheben und Festhalten sind verboten.

* Alle Spieler sind gleichzeitig Feldspieler und Torwarte. Jeder, der gerade in der Nähe des Tores ist wenn das gegnerische Team angreift, darf den Ball aufhalten.

* Der Ball darf mit jedem Körperteil gespielt werden. Den Ball festzuhalten und damit zu gehen oder zu laufen wie beim Football, ist allerdings nicht erlaubt.

* Niemand sollte den Ball auffangen. Nur stoßen, schießen und dribbeln sind erlaubt.

* Zählen Sie keine Punkte. Es gibt Tore am laufenden Band, und so soll es auch sein. Der Schwerpunkt liegt hier auf ununterbrochenem Spaß und einem hervorragenden Ausdauertraining.

KAPITEL 2

Der heiße Ball

SO GEHT ES:

* Die Kreisspieler werfen sich gegenseitig den Ball zu.

* Der Spieler in der Mitte (Fänger) versucht, denjenigen, der gerade den Ball hat, zu anzutippen, bevor dieser den Ball weiterwirft.

* Wird ein Spieler gefangen, geht er in die Mitte, und der Fänger wird zum Kreisspieler.

Hinweise:

* Die Kreisspieler sollen sich die Bälle vernünftig zuwerfen.

* Die Bälle dürfen nicht geschlagen werden, nur normales Werfen ist erlaubt.

* Die Kreise sollten nicht zu groß werden.

* Geben Sie jeder Gruppe nach einiger Zeit einen zweiten Ball, um den Spaß zu steigern.

Geförderte Fertigkeiten:

Werfen, Fangen, Laufen, Ausweichen, Auge-Hand-Koordination

Materialien:

etwa 6 Schaumstoffbälle

Aufstellung:

* Teilen Sie die Kinder in 3 Gruppen auf.
* Jede Gruppe steht im Kreis, ein Spieler steht jeweils in der Mitte.
* Die Spieler im Kreis bekommen pro Gruppe einen Ball.

Wilde Jagd

SO GEHT ES:

* Ziel für die Fänger ist, einen Spieler zu fangen, der einen Ball hat. Gelingt ihm das, tauscht er mit ihm die Rollen.

* Die Lebensretter (Spieler ohne Ball) fangen Bälle, die von gejagten Spielern geworfen werden. Fängt ein Lebensretter den Ball, kann er ihn ebenfalls zu einem Spieler ohne Ball weiterwerfen.

* Wenn ein Ball auf dem Boden liegt und niemand ihn aufhebt, bestimmen Sie jemanden dazu, der keinen Ball hat.

Geförderte Fertigkeiten:
Werfen, Fangen, Laufen

Materialien:
kleine Schaumstoffbälle, 3 Parteibänder/Trainingswesten

Aufstellung:
3 Fänger tragen ein Parteiband, 3 Spieler starten ohne Ball (die „Lebensretter"), alle anderen Spieler haben einen Ball.

* Spieler, die von einem Fänger gejagt werden, können wegrennen oder den Ball zu einem Lebensretter passen. Werden sie jedoch gefangen, während sie im Besitz eines Balles sind, werden sie selbst zum Fänger und müssen andere Spieler fangen. Seinen Fänger direkt wieder zu fangen, ist nicht erlaubt. Ein Spieler kann immer höchstens einen Ball haben.

Jäger

Lebensretter

Nudel-Bohnen-Eintopf

SO GEHT ES:

Dieses Spiel wird genauso gespielt wie „Wilde Jagd" (siehe vorhergehende Übung), mit dem Unterschied, dass die Fänger die Nudeln zum Fangen benutzen und die Spieler statt Bällen Bohnensäckchen werfen.

Geförderte Fertigkeiten:
Werfen, Fangen, Laufen

Materialien:
3 Schaumstoffnudeln, Bohnensäckchen

Aufstellung:
3 Fänger tragen Schaumstoffnudeln, 3 Spieler starten ohne Bohnensäckchen (das sind die „Lebensretter"), alle anderen Spieler haben ein Bohnensäckchen.

Hinweise:

* Die Spieler dürfen die Säckchen nicht verstecken. Das irritiert Fänger wie Lebensretter.

* Die Fänger sollen die Spieler mit den Nudeln nur berühren und nicht schlagen.

VARIATION:

Als Spaßvariante können Sie auch Hühner-Nudel-Eintopf spielen und statt Bohnensäckchen Gummihühner verwenden.

Aufwärm-Prellen

Geförderte Fertigkeiten:
Prellen eines Balls, Timing, Rhythmusgefühl

Materialien:
1 Plastik- oder Basketball pro Kind

Aufstellung:
verteilt

SO GEHT ES:

Dieses Spiel kann man gut zur Vorbereitung auf das folgende Spiel „Prell-jagd" verwenden. Es wurde von meinen Schülern entwickelt. Seine Einfach-heit zeigt, wie schön es ist, Kinder beim Spielen einfach Kinder sein zu lassen. Das Resultat sind Spiele wie dieses.

✳ Die Kinder prellen die Bälle frei über das Spielfeld. Sie können dabei gehen, laufen, Tricks vollführen und so weiter.

✳ Wann immer sie mögen, bieten sie einem Mitspieler an, die Bälle zu tauschen ohne einen Ballsprung zu verfehlen. Sie stellen sich gegenüber, und auf „Los" geben beide Spieler ihre Bälle frei und versuchen, den Ball des jeweils anderen weiterzuprellen, bevor dieser 2-mal aufgesprungen ist.

✳ Die Kinder können mitzählen, mit wie vielen Mitspielern sie es geschafft haben, ihren Ball auf diese Weise zu tauschen.

Prelljagd

SO GEHT ES:

* Die Spieler prellen einen Basketball mit einer Hand. Mit der anderen Hand versuchen sie, einem anderen Spieler den Ball wegzuschlagen.

* Wenn ein Spieler versuchen will, einem anderen Spieler den Ball wegzuschlagen, muss er selbst dabei weiterprellen. Hält er den Ball fest oder hat er seinen Ball liegen lassen, darf er keinen Versuch starten.

* Auch wenn ein Spieler einem anderen Spieler entgehen will, muss er dabei weiterprellen. Er kann nicht einfach den Ball festhalten und weglaufen.

* Ein Spieler, dessen Ball regelkonform weggeschlagen wurde, muss seinen Ball einsammeln, sich in eine bestimmte Zone begeben und dort eine Übung vollführen, die Sie vorher bestimmt haben, beispielsweise ein paar Hampelmänner, Rollen vorwärts (mit Matte) oder den Ball einige Male gegen die Wand werfen und wieder fangen.

Geförderte Fertigkeiten:

Prellen eines Balls, Laufen, Fangen, Passen

Materialien:

1 Gummi- oder Basketball pro Kind

Aufstellung:

verteilt

VARIATIONEN:

✳ Die Spieler können sich eine Pause gönnen, indem sie einen Partner finden, mit dem sie ein paar Pässe wechseln. Einer der beiden passt, indem er den Ball einmal aufspringen lässt, der andere passt direkt per Brustwurf. Sie können sich die Bälle so lange zupassen, wie sie wollen, bevor sie sich wieder dem Spiel anschließen.

✳ Andere Spieler dürfen passende Spieler nicht belauern, um ihnen sofort den Ball abzunehmen, sobald sie wieder ins Spiel kommen.

Achte auf die Farbe!

Geförderte Fertigkeiten:

Prellen, Laufen, Handgeschicklichkeit,
visuelle Aufmerksamkeit

Materialien:

gleichfarbige Gummibälle, 4 oder
5 andersfarbige Bälle

Aufstellung:

Bestimmen Sie 4 oder 5 Fänger, und
geben Sie ihnen bunte Bälle. Geben Sie
den übrigen Spielern die gleichfarbigen Bälle.

SO GEHT ES:

Dieses Spiel baut auf dem vorigen Spiel „Prelljagd" auf.

❄ Zu Anfang des Spiels prellt jeder Spieler einen Ball.

❄ Die Fänger (mit den farblich unterschiedenen Bällen) prellen mit der einen
Hand ihren Ball und versuchen mit der anderen Hand, Spieler mit den
gleichfarbigen Bällen zu fangen.

❄ Die Fänger müssen bei diesen Versuchen prellen, sie dürfen den Ball
weder festhalten noch beiseitelegen, um jemanden zu fangen.

❄ Ein gefangener Spieler übernimmt den Fänger-Ball und wird selbst
zum Fänger.

❄ Sofortiges Fangen des eigenen Fängers ist nicht erlaubt.

Einmal aufspringen lassen

Geförderte Fertigkeiten:

Schlagen von Bällen, Schießen, Laufen, Teamwork

Materialien:

1 Ball, der sich gut prellen lässt (nicht zu hart und nicht zu schwer)

Aufstellung:

verteilt

SO GEHT ES:

Diese Übung macht Spaß, eignet sich hervorragend zum Aufwärmen und fördert Teamgeist und kooperatives Lernen. Ziel des Spiels ist, den Ball immer nur ein Mal aufspringen zu lassen, bevor ihn wieder jemand schlägt oder schießt.

❋ Die Kinder verteilen sich auf dem Spielfeld, und ein Spieler schlägt oder tritt den Ball in die Luft. Ab da werden Punkte gezählt.

❋ Danach gibt es Spaß ohne Grenzen: Die Kinder bringen den Ball mit beliebigen Körperteilen in die Luft und passen auf, dass er nicht 2-mal aufspringt. Der Ball darf nicht gefangen oder festgehalten werden.

❋ Springt der Ball 2-mal auf, oder versäumt es ein Spieler, den Ball erst aufspringen zu lassen, bevor er ihn wieder in die Luft bringt, wird von Neuem gezählt.

❋ Die Kinder zählen ihre gemeinsamen Punkte und versuchen in jeder Runde, ihren Rekord zu brechen.

❋ Die Kinder sollten die Punkte laut zählen.

KAPITEL 2

Bis 10 bist du frei

SO GEHT ES:

* Auf „Los" versuchen die Fänger, Spieler zu fangen, die keinen Ball prellen.

* Die Spieler versuchen, sich einen Ball zu schnappen, bevor sie gefangen werden.

* Die Spieler sind zwar sicher vor den Fängern, solange sie einen Ball prellen, sie dürfen einen Ball allerdings nur 10-mal dribbeln, bevor sie eine leere Wurfscheibe finden müssen, auf der sie ihren Ball ablegen. Anschließend suchen sie sich schnell einen anderen freien Ball zum Weiterprellen, den gerade benutzten dürfen sie dabei nicht nehmen.

* Wird ein Spieler ohne Ball gefangen, tauscht er mit dem Fänger die Rollen.

* Sofortiges Fangen des eigenen Fängers ist ebenso verboten wie das Belauern dribbelnder Spieler, um sie im Moment der Ballablage zu fangen.

Geförderte Fertigkeiten:
Laufen, Prellen

Materialien:
Wurfscheiben (oder kleine Ringe), Bälle, Parteibänder/Trainingswesten oder etwas anderes, das die Fänger kennzeichnet

Aufstellung:
* *3 Spieler sind Fänger.*
* *Verteilen Sie die Wurfscheiben auf dem Spielfeld, und legen Sie auf jede einen Ball.*
* *Lassen Sie 2–3 Wurfscheiben frei.*
* *Die Spieler verteilen sich über das Spielfeld.*

PROFI-TIPP

Jedes Jahr führe ich eine zweiwöchige Unterrichtseinheit durch, in der Schüler der 1. bis 3. Klasse ihre eigenen Spiele entwickeln. Dabei dürfen sie an Materialien verwenden, was sie wollen; selbstverständlich dürfen sie sich auch Spiele ganz ohne Hilfsmittel ausdenken. Jede Gruppe bringt den übrigen Kindern ihr Spiel bei. Die Kinder lieben diesen Unterricht. „Bis 10 bist du frei" ist ein Beispiel für die Kreativität von Kindern bei der Entwicklung ihrer eigenen Spiele, wenn man ihnen die Gelegenheit und die Zeit dazu gibt.

KAPITEL 2

Basketball für alle

SO GEHT ES:

Meiner Meinung nach ist Basketball ein hervorragender Bewegungsanlass für Kinder, daher entwickle ich seit Langem Spielvarianten, die diesen Sport etwas integrativer gestalten, damit alle Spieler zum Zuge kommen. Diese Übung ist eins der Resultate, die gut funktionieren.

> **Geförderte Fertigkeiten:**
> Teamwork, Prellen, Passen, Zielwürfe
>
> **Materialien:**
> 3 verschiedenfarbige Bälle
>
> **Aufstellung:**
> 4 kleine Gruppen

* 4 Gruppen stehen jeweils an einer Wand der Halle hinter der Außenlinie.

* 3 Gruppen haben zu Anfang einen Ball, eine Gruppe startet ohne.

* Jede Gruppe muss an der ihrer Startposition gegenüberliegenden Wand Körbe werfen.

* Die Spieler in der Gruppe ohne Ball müssen versuchen, einer der anderen Gruppen den Ball abzunehmen.

* Jeder Spieler darf den Ball nur 4-mal aufprellen, bevor er ihn abspielen oder einen Korbwurf ansetzen muss.

* Kein Spieler darf ein zweites Mal hintereinander auf den Korb werfen, bevor nicht jeder seiner Mitspieler einen Korbwurf versucht hat oder der Ball im Korb gelandet ist.

* Wirft eine Gruppe einen Korb, lassen die Spieler der Gruppe den Ball unter dem Korb liegen und gehen zu ihrer Wand hinter die Linie zurück. Die Gruppe ohne Ball darf sich den Ball nun nehmen.

* Die Gruppe, die eben gepunktet hat, versucht nun selbst, einen der anderen Bälle zu erobern. Dabei dürfen sie ihren ehemaligen Ball nicht wieder zurückerobern, sondern sie müssen versuchen, einen der beiden anderen Bälle in ihren Besitz zu bringen.

Hinweis:

Die Schüler zählen ihre Punkte (oder auch nicht); wichtig ist hier, dass alle Spieler die Möglichkeit bekommen, alle Basketball-relevanten Fertigkeiten einzusetzen.

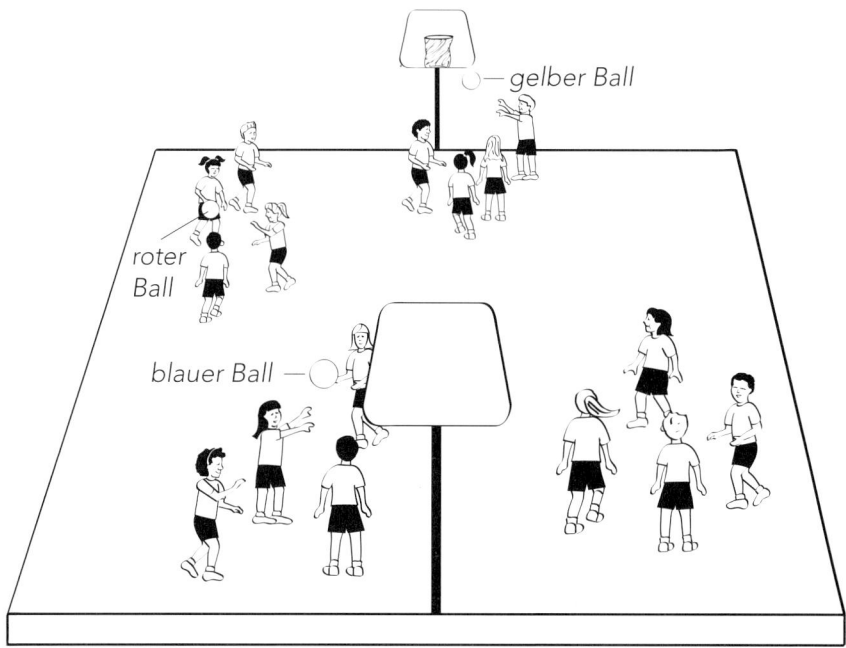

KAPITEL 2 Basketballon

SO GEHT ES:

* Die Spieler versuchen, den Luft-ballon in der Luft zu halten, während sie ohne feste Reihenfolge den Ball auf den Korb werfen.

* Die Spieler müssen versuchen, den Luftballon so lange in der Luft zu halten, bis jemand in den Korb getroffen hat.

* Es gibt nur einen Ballon und einen Ball pro Gruppe, daher müssen alle sich mit dem Ball und mit der Verantwortung für den Luftballon abwechseln.

* Kein Spieler darf einen zweiten Wurfversuch auf den Korb starten, bevor nicht alle ande-ren Gruppenmitglieder gewor-fen haben.

* Sie können Regeln einbauen, die den Schwierigkeitsgrad erhöhen, zum Beispiel Doppeldribbling oder Schrittfehler.

* Jedes Mal, wenn ein Spieler einen Korb wirft, erhält die Gruppe einen Punkt.

Geförderte Fertigkeiten:

Auge-Hand-Koordination, Prellen, Korbwürfe, Teamwork

Materialien:

pro Mannschaft 1 (oder mehrere) Ballons und 1 Gummi-oder Basketball

Aufstellung:

Dieses Spiel kann in kleinen Gruppen gespielt werden, oder Sie teilen die Klasse in 2 Hälften —je nachdem, wie viele Körbe zur Verfügung stehen. Die Spieler verteilen sich im Korb-bereich.

Zusammen über das Netz

SO GEHT ES:

* Spieler 1 eines der Teams eröffnet das Spiel mit einem Aufschlag, der durch einen Schuss mit dem Fuß ausgeführt wird. Der Ball muss dabei über das Seil gelangen. Tritt man aus ca. 20 Metern Entfernung vom Seil mit Anlauf unter den Ball, fliegt er nach oben.

* Das andere Team versucht, den Ball mit jedem beliebigen Körperteil zurückzuschlagen. Dabei gibt es keine Obergrenze für Ballberührungen bevor er das Seil überquert, Hauptsache, der Ball berührt nicht den Boden.

* Jedes Mal, wenn der Ball über das Seil fliegt, bekommen beide Gruppen einen Punkt. Der Aufschlag zählt dabei nicht.

Geförderte Fertigkeiten:

Teamwork, Ballschlagen, Laufen, Schießen eines Balls

Materialien:

1 Strandball, Volleyballnetz oder ein auf Volleyballhöhe quer über das Spielfeld gespanntes Seil

Aufstellung:

* Teilen Sie die Kinder in 2 Gruppen ein, die sich auf die beiden Seiten des Seils verteilen.
* Jede Gruppe zählt durch, die Spieler behalten ihre Nummer. So gibt es auf dem Feld 2-mal die 1, 2-mal die 2 und so weiter.

* Berührt der Ball den Boden oder fliegt unter dem Seil auf die andere Spielfeldhälfte, beginnt das Spiel von vorne und Spieler 1 des 2. Teams ist mit dem Aufschlag dran.

* Bei jedem Neustart schlägt der Spieler mit der nächsten Nummer auf, also Nummer 2, Nummer 3 und so weiter. Ziel ist, den bisherigen Rekord zu schlagen.

* Die Kinder können auch die Gesamtzahl an Punkten während der ganzen Stunde zählen und einen Stundenrekord aufstellen, den sie bei der nächsten Sportstunde versuchen können, zu brechen.

KAPITEL 2 · Spring und fang

SO GEHT ES:

Meine Schüler mögen dieses Spiel sehr. Es bietet ihnen die Herausforderung, gleichzeitig zu springen und zu fangen.

* Die ideale Gruppenstärke beträgt für dieses Spiel 4 Kinder.

* Zwei Kinder schwingen das Springseil.

* Ein Kind springt.

* Das vierte Kind (der Werfer) steht vor dem Springer und wirft ihm sanft den Ball zu.

* Der Springer versucht, den Ball während des Springens zu fangen.

> **Geförderte Fertigkeiten:**
> Seilspringen, Fangen, Werfen, Auge-Hand-Koordination, Teamwork, komplexe Bewegungsabläufe
>
> **Materialien:**
> pro Gruppe 1 langes Springseil und 1 Schaumstoffball
>
> **Aufstellung:**
> Teilen Sie die Kinder in 4er-Gruppen ein (oder, falls Sie eine ungerade Anzahl Kinder haben, in Fünfergruppen).

* Der Werfer wirft den Ball 5-mal. Fängt der der Springer den Ball 3- oder 4-mal, bekommt die Gruppe einen Punkt. Er muss nach dem Fangen allerdings weiterspringen bzw. zumindest einen weiteren Sprung schaffen, damit die Gruppe den Punkt bekommt.

* Fängt der Springer alle 5 Bälle, bekommt die Gruppe 2 Punkte.

* Nach 5 Würfen wechseln die Kinder die Position. Das Spiel endet, wenn jeder Spieler jede Aufgabe einmal übernommen hat.

* Die Punkte werden pro Gruppe vergeben, nicht pro Spieler.

Hinweise:

* Der Werfer sollte einen kompletten Sprung abwarten, bevor er den Ball zum Springer wirft.

* Die Seildreher sollten das Seil langsam und im großen Bogen schwingen, damit das Springen für ihren Mannschaftskollegen nicht zu schwer wird.

* Erinnern Sie die Kinder daran, dass jedes einzelne Gruppenmitglied für den Erfolg der Gruppe wichtig ist. Jeder sollte seinen Teil so gut er kann erledigen.

Triff oder hüpf!

SO GEHT ES:

Wie fortgeschritten die Fähigkeiten der Kinder sind, ist bei diesem Spiel nicht so wichtig; und trotz des Wettbewerbscharakters haben alle Kinder die Möglichkeit, ihren Teil zum Sieg beizutragen. Dieses Spiel endet häufig unentschieden.

❋ Nachdem die Kinder sich aufgestellt haben, versucht der Werfer (Team A), den Ball in den näheren Eimer zu werfen. Schafft er das, begibt er sich in den nächsten Ring zu seiner Rechten, und der ganze Kreis rückt ebenfalls einen Ring nach rechts nach.

❋ Der Spieler im letzten Reifen (Team B) stellt sich zwischen die Pylonen und ist nun der Werfer.

❋ Verfehlt der Werfer den Eimer, muss er in den Sack steigen und eine Runde außen um den Kreis sackhüpfen. In dieser Zeit versuchen die Spieler der anderen Mannschaft, den Ball in den Eimer zu werfen, bevor der Werfer wieder bei den Pylonen angekommen ist. Schaffen sie das, bekommt das Team vom Werfer keinen Punkt. Erreicht der Werfer die Pylonen, bevor der Ball im Eimer gelandet ist, erhält sein Team doch noch den Punkt.

Geförderte Fertigkeiten:
Werfen, Sackhüpfen

Materialien:
1 Hüpfsack, 2 Pylonen, 1 Gummiball, 2 Eimer, mehrere Reifen

Aufstellung:
• Teilen Sie die Kinder in 2 Mannschaften auf, Team A und Team B.
• Ein Spieler ist der Werfer. Er steht zwischen den Pylonen, die am offenen Ende eines ovalen Kreises aus Reifen stehen. Der Werfer hat einen Ball, neben ihm liegt ein Hüpfsack.
• Im Kreis sind 2 Eimer. Einer steht etwa 3 Meter vom Werfer entfernt, der andere 6–9 Meter.
• Die Reifen sollte nicht zu nah an den Eimern liegen.
• Die Mannschaften stellen sich abwechselnd in die Reifen. Ist also der Werfer von Team A, stehen 2 Spieler von Team B links und rechts neben ihm, neben ihnen wieder Spieler von Team A und so weiter (Muster A B A B).

✻ Die Spieler im Kreis müssen mit beiden Füßen in ihrem Reifen stehen, wenn sie werfen. Verfehlen sie den Eimer, dürfen sie den Ball holen, dürfen aber erst wieder werfen, wenn sie im Reifen stehen.

✻ Wenn der Werfer die Pylonen erreicht hat, tritt er in den nächsten Reifen zu seiner Rechten, alle anderen Spieler rücken wieder nach.

✻ Während der Sackhüpf-Runde des Werfers aus Team A dürfen nur Spieler aus Team B auf den Eimer werfen und umgekehrt.

✻ Punkte werden wie folgt vergeben: Nur der Werfer einer Runde kann Punkte erzielen. Trifft er in den Eimer, bekommt sein Team einen Punkt. Schafft er nach einem Fehlversuch seine Runde, bevor das gegnerische Team in den Eimer trifft, holt er ebenfalls einen Punkt für sein Team. Trifft die andere Mannschaft vor Beendigung der Runde, gibt für kein Team einen Punkt.

Hinweise:

✻ Achten Sie darauf, dass der Werfer hüpft und nicht im Sack läuft.

✻ Das Spiel endet, wenn jeder Spieler einmal Werfer war.

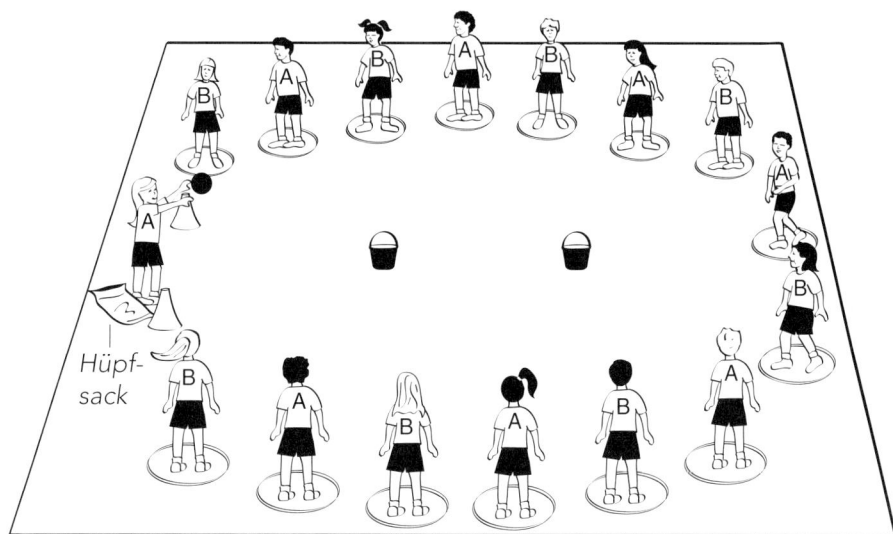

Kinderkegeln

SO GEHT ES:

* 6 Spieler mit Ball sind Fänger.

* Die Fänger versuchen, die übrigen Spieler durch Rollen der Bälle an den Füßen zu treffen. Ziel ist, den Schuh des Spielers zu treffen, Treffer oberhalb des Knöchels zählen nicht.

* Gültig getroffene Spieler nehmen den Ball und werden zu Fängern. Den eigenen Fänger sofort wieder zu jagen, ist nicht erlaubt.

* Die Spieler versuchen, den Bällen auszuweichen oder aus der Bahn zu springen.

Geförderte Fertigkeiten:

Springen, Ausweichen, Laufen, Dynamisches Gleichgewicht, Werfen

Materialien:

6 kleine Schaumstoffbälle

Aufstellung:

6 Spieler bekommen einen Ball, die übrigen Kinder verteilen sich über das Spielfeld.

Hinweise:

* Der Ball soll gerollt werden wie beim Kegeln, damit die Spieler nicht zu heftig getroffen werden.

* Die Fänger sollten getroffenen Spielern den Ball überreichen, da diese oft nicht bemerken, dass sie getroffen wurden.

* Gibt es Streitigkeiten darüber, ob der Ball unter- oder oberhalb des Knöchels getroffen hat, sollten diese durch „Stein, Schere, Papier" gelöst werden, um lange Diskussionen zu vermeiden.

SO GEHT ES:

* Die Spieler versuchen der Reihe nach, eine Murmel in ein etwa 5 Meter entferntes kleines Loch im Boden zu werfen. Dabei stehen sie hinter einer Linie, die sie nicht übertreten dürfen.

* Wirft der Spieler daneben, muss er warten, bis er wieder an der Reihe ist. Er wirft erneut von der Stelle, an der seine Murmel liegt.

* Trifft jemand, spielen die anderen weiter, bis ein Spieler übrig ist.

* Anschließend beginnt das Spiel von Neuem an der Wurflinie.

Geförderte Fertigkeiten:
Feinmotorik, Sozialkompetenz

Materialien:
1 Murmel pro Spieler

Aufstellung:
Gruppen zu 3 oder mehr Spielern. Als Spielfeld eignet sich ebener Erd- oder Sandboden

VARIATION:

Das Spiel kann auch ausschließlich mit dieser Technik gespielt werden: Die Kinder legen den Zeigefinger um die Murmel und den Daumen unter die Murmel, sodass sie ihren Fingernagel berührt. Dann schnippen sie sie mit dem Daumen, ohne den Arm dabei zu bewegen.

2 Tuchball

SO GEHT ES:

* Die Spieler versuchen, den Ball mit Hilfe des Handtuchs über das Netz zu schleudern.

* Jedes Mal, wenn der Ball über das Netz fliegt, und ein Paar aus der anderen Gruppe den Ball mit seinem Handtuch fängt, bevor er den Boden berührt, bekommen beide Gruppen einen Punkt.

* Der Ball muss von dort geschleudert werden, wo er gefangen wird. Es ist also nicht erlaubt, zum Netz zu gehen, nachdem der Ball gefangen wurde, und von dort zu werfen.

* Schafft es der Ball nicht über das Netz, beginnt das andere Team die Runde von vorne.

* Jedes Team hat beliebig viele Versuche, den Ball über das Netz zu bekommen.

Geförderte Fertigkeiten:
Teamwork, Synchronisation, Kraftregulierung

Materialien:
große (Hand-)Tücher, 1 Gummiball, 1 Seil oder Netz, das wie ein Volleyballnetz gespannt wird

Aufstellung:
• Teilen Sie die Kinder in 2 Gruppen ein, die sich jeweils auf eine Seite des Netzes begeben.
• Geben Sie den Kindern jeweils paarweise ein Handtuch.

Hinweise:

* Die Spieler sollten nicht mit den Händen werfen oder fangen, nur mit Hilfe des Handtuchs.

* Sie können die Punkte pro Runde oder pro Stunde zählen, je nachdem, wie erfahren die Kinder sind.

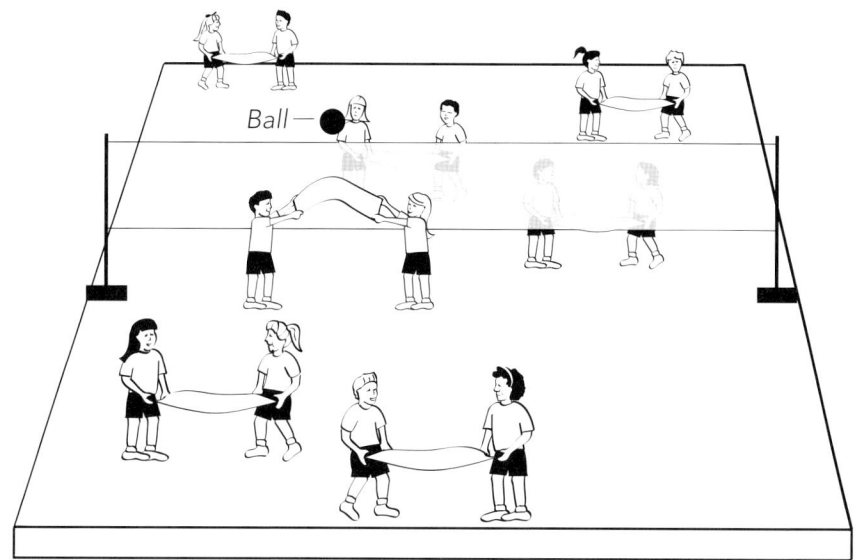

Ball —

KAPITEL 2

Eier ins Körbchen

SO GEHT ES:

Dieses Aufwärmspiel macht vor allem jüngeren Kindern viel Spaß. Hier werde ich immer daran erinnert, dass einfacher manchmal besser ist.

✳ Stellen Sie den Eimer in die Kreismitte, und verstreuen Sie die Bälle über den Boden.

✳ Jeder Spieler schnappt sich einen Tennisball, stellt sich hinter die Kreislinie (bzw. die Pylonen) und versucht, seinen Ball in den Eimer zu werfen.

✳ Die Spieler dürfen den Kreis betreten, um Bälle aufzusammeln. Werfen dürfen sie aber nur von außerhalb.

Geförderte Fertigkeiten:
Zielwerfen

Materialien:
ein Eimer voll gebrauchter Tennisbälle

Aufstellung:
Der Eimer steht in der Mitte eines Kreises aus Pylonen oder Bodenlinien. Die Kinder spielen außerhalb dieses Kreises.

✳ Stoppen Sie, wie lange die Kinder brauchen, um alle Bälle in den Eimer zu werfen. Starten Sie dann eine neue Runde, und lassen Sie die Kinder versuchen, einen neuen Rekord aufzustellen. Spielen Sie etwa 3-mal.

— Lehrer mit Stoppuhr

Balancieren und das

Gleichgewicht halten –

Übungen und Spiele zu Stabilität und Balance

„Reden wir einmal über Gleichgewicht", so leitete ich eine Stunde mit Erstklässlern ein. „Wer kann mir etwas über Gleichgewicht erzählen?" Ich suchte wie üblich nach der einfachsten Methode, den Kindern die Bedeutung dieses Begriffs zu vermitteln. Ein Schüler rief: „Gleichgewicht heißt, dass man nicht umfällt!" Und ich dachte, *ich* könnte unterrichten …

Auch wenn das Primärziel der Übungen in diesem Kapitel ist, das **statische und dynamische Gleichgewicht** zu fördern, werden zusätzlich manipulatorische und lokomotorische Fertigkeiten mit einbezogen, um dieses Ziel zu erreichen. Wie in den vorhergehenden Kapiteln wurden auch in diesem Kapitel die Übungen in Hinsicht auf Teamwork und Abwechslungsreichtum sowie nach Erkenntnissen der Hirnforschung bezüglich Emotionen und Lernen gestaltet.

Es stellt eine Herausforderung dar, spannende und aktive Spiele zu entwickeln, die ein solch spezifisches Thema wie das Gleichgewicht fokussieren. Die **Bedeutung eines guten Gleichgewichtssinns für sportliche Aktivitäten jeder Art** ist allerdings nicht zu unterschätzen. Daher widmet sich dieses Kapitel genau dieser Fähigkeit.

Tag des Gleichgewichts

SO GEHT ES:

Diese Übung bietet sich als Gleichgewichtsübung zu Beginn des
Schuljahres an. Es werden einfache und schwierigere Balance-
figuren geübt. Die Kinder sollen
bei Übungen, bei denen es
aufs Stillstehen ankommt, 3 bis
5 Sekunden in der angegebenen
Position verharren.

Geförderte Fertigkeiten:
diverse Gleichgewichtsfiguren

Materialien:
verteilt

Aufstellung:
keine

Beispiele für Aufträge:

✳ Kniet euch hin, während ihr auf einem Bein steht.

✳ Steht auch wieder auf einem Bein auf.

✳ Wippt von der Ferse auf die Zehenspitzen.

✳ Wiederholt dies auf einem Bein.

✳ Stellt euch mit beiden Beinen gerade hin. Hebt dann ein Bein an, und versucht, die Zehen des Fußes zu berühren, der auf der Erde steht. Wiederholt das Ganze mit dem anderen Bein.

✳ Nehmt einen Fuß in die Hand und versucht, eure Stirn damit zu berühren,
während ihr auf dem anderen Bein steht.

✳ Stellt euch hin. Legt ein Bein über das Knie des anderen Beines, sodass ihr
wie eine 4 ausseht. Tut nun so, als säßet ihr im Sessel, um eine Zeitung zu
lesen, indem ihr das Standbein beugt. (Diese Übung ist recht anspruchsvoll
und macht daher viel Spaß.)

✳ Sucht euch einen Platz mit genug Freiraum. Springt in die Luft, dreht euch
dabei um euch selbst, und landet auf beiden Füßen.

✳ Wiederholt das Ganze noch einmal mit geschlossenen Augen.

✳ Macht den Eselstritt: Stellt euch auf alle viere und tretet dann mit beiden
Beinen gleichzeitig nach hinten in die Luft.

Aufwärmen im Gleichgewicht

SO GEHT ES:

* Bestimmen Sie eine Fortbewegungsart, wie Laufen, Auf-einem-Bein-Hüpfen, Galoppieren, schnelles Gehen, Rennen in Zeitlupe, verrücktes Tanzen, lustiges Gehen, den Gang eines Tieres oder einer Mumie. Die Kinder sollen diese Bewegung ausführen und sich dabei durch den Raum bewegen.

Geförderte Fertigkeiten:
Übergang von dynamischem zu statischem Gleichgewicht

Materialien:
keine, evtl. Pfeife

Aufstellung:
verteilt

* Auf ein Signal, zum Beispiel eine Pfeife, stoppen die Kinder und nehmen eine der folgenden, vorher bestimmten Positionen ein: einfrieren, auf einem Bein anhalten, einen Fuß und ein Knie auf den Boden stellen, ein Fuß und eine Hand auf den Boden stellen, ein Knie und einen Finger auf den Boden stellen, zwei Knie und die Stirn auf den Boden stellen, nur mit dem Rücken den Boden berühren, nur mit den Fersen den Boden berühren, auf Zehenspitzen stehen, mit einem Fuß auf Zehenspitzen und der anderen Ferse stehen, auf einer Ferse stehen, hinhocken, Waage, Brücke, Kerze.

* Fahren Sie nach jeder dieser Pausen mit einer anderen Bewegung fort, die die Kinder bis zum nächsten Signal ausführen sollen.

KAPITEL 3

Gleichgewichtsskulpturen

SO GEHT ES:

Diese Übung beruhigt die Kinder und fördert zusätzlich das statische Gleichgewicht. Jüngere Kinder finden es toll, dass sie hier ihre Kreativität zeigen können – um danach unter großem Gelächter alle in einem Haufen durcheinanderzupurzeln.

* Die Gruppen decken ihren Arbeitsplatz mit Matten ab und entwerfen statische Gleichgewichts-Skulpturen. Jedes Gruppenmitglied muss „eingebaut" werden.

* Jedes Gruppenmitglied im Gebilde muss mit mindestens einem weiteren Gruppenmitglied verbunden sein.

* Achten Sie darauf, dass sich die Kinder bei der Planung der Skulpturen der Reihe nach gegenseitig ausreden lassen und zuhören.

Geförderte Fertigkeiten:
Gleichgewicht, Sozialkompetenz

Materialien:
Matten

Aufstellung:
4er- oder 5er-Gruppen

Geförderte Fertigkeiten:

*dynamisches Gleichgewicht,
Fortbewegung*

Materialien:

keine

Aufstellung:

*paarweise, ein Kind in Liegestütz-
Haltung, das andere hebt die Beine
des Partners an, damit dieser auf
den Händen laufen kann*

JO GEHT EJ:

Schubkarre-Fahren eignet sich gut zum Aufwärmen. Die Übung ist einfach, erfordert keine Materialien und macht erstaunlich viel Spaß.

✷ Lassen Sie die Kinder einfach fahren, Spaß haben und, wann immer sie wollen, mit dem Partner tauschen. Sie müssen daraus keinen Wettbewerb machen.

✷ Manchmal organisieren die Kinder selbst untereinander Rennen, aber da dies nicht im Fokus liegt, wird Lachen das auffälligste Merkmal dieser Übung sein.

KAPITEL 3 — Brücken überqueren

SO GEHT ES:

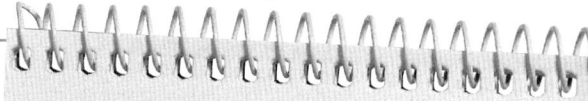

* Jede Gruppe steckt eine 3–5 Meter lange „Brücke" auf einer Bodenlinie ab. Dazu markieren sie mit 2 Pylonen Anfang und Ende der Brücke.

Geförderte Fertigkeiten:
dynamisches Gleichgewicht

Materialien:
Pylonen, Bodenlinien

Aufstellung:
paarweise oder zu dritt

* Ein Kind denkt sich eine Art aus, die Brücke zu überqueren, und führt sie vor. Die anderen Kinder machen dies nach.

* Die Kinder sollen versuchen, vollständig auf der Linie zu bleiben, egal ob sie auf Knien oder allen vieren über die Brücke gehen, ob sie hüpfen oder springen. Berührt ein Körperteil einmal den Boden knapp neben der Linie, ist das noch in Ordnung, solange sein größter Teil auf der Linie bleibt.

* Erinnern Sie die Kinder daran, dass der „Fluss" unter der Brücke voll mit Krokodilen ist!

* Ermuntern Sie die Kinder zu abwechslungsreichen Ideen für die Überquerung.

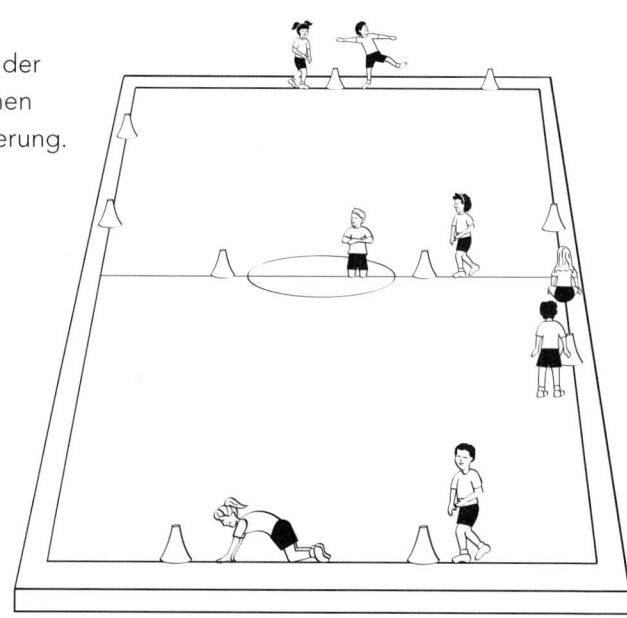

Nicht auf die Linie!

Geförderte Fertigkeiten:

dynamisches Gleichgewicht

Materialien:

Bodenlinien

Aufstellung:

Am Anfang stehen die Kinder auf der Linie.

SO GEHT ES:

Diese Übung ähnelt „Tag des Gleichgewichts" (s. S. 128). Sie kann als Aufwärmübung zur Entwicklung des Gleichgewichts dienen oder eine andere Gleichgewichtsübung ergänzen. Ziel bei den folgenden Aktivitäten ist, die Linie nicht zu berühren.

❋ Frei auf dem Spielfeld herumrennen, ohne die Linien zu berühren.

❋ An den Linien entlangrennen, ohne sie zu berühren.

❋ Die Linie überschreiten, indem ein Bein vor das andere gekreuzt wird, ohne die Linie zu berühren.

❋ 2-mal auf jedem Bein auf jeder Seite der Linie hüpfen, ohne sie zu berühren.

❋ Eine Linie im Rückwärtsgehen überschreiten, ohne sie zu berühren.

❋ Frei über und um eine Linie herumhüpfen, ohne sie zu berühren.

❋ Frei zu Musik über einer Linie tanzen, ohne sie zu berühren.

KAPITEL 3

Partnergymnastik

SO GEHT ES:

* Stellen Sie die Partner nach ungefähr gleicher Größe und Kraft zusammen. So funktionieren die Übungen am besten.

* Die folgenden 8 Vorschläge für Partnerübungen sollen das Gleichgewicht und die Muskelkraft stärken:

1. **Rettender Handschlag:** Die Partner gehen einander zugewandt in die Hocke und geben sich die rechte Hand. Anschließend lehnen sie sich leicht zurück, lassen die Hände los und versuchen, sich mit den linken Händen zu fassen, bevor sie umkippen.

> **Geförderte Fertigkeiten:**
> *Gleichgewicht, Teamwork*
>
> **Materialien:**
> *Matten*
>
> **Aufstellung:**
> *paarweise, die Partner sollten von der Größe her zusammenpassen*

2. **Liegestütze-Handschütteln:** Die Partner begeben sich einander zugewandt in eine Liegestütz-Position. Sie machen eine Liegestütze, geben sich die rechte Hand, machen eine zweite Liegestütze, geben sich die linke Hand und so weiter, bis zu einer festgelegten Anzahl Liegestütze. Sie können sich auch nur die Hand geben

3. **Unter den Beinen durchziehen:** Ein Partner steht mit gespreizten Beinen. Der andere Partner liegt hinter seinem Partner auf dem Bauch und streckt seine Arme nach vorne zwischen die Füße seines Partners. Der stehende Partner greift die Hände des anderen und versucht, ihn so weit wie möglich durch die Beine zu ziehen. Anschließend tauschen sie die Positionen und wiederholen die Übung.

4. **Russischer Tanz:** Die Partner gehen einander zugewandt in die Hocke und fassen sich an den Händen. Beide strecken ihr rechtes Bein zur Seite. Nun winkeln sie in einem kleinen Sprung gleichzeitig das rechte Bein wieder an und strecken das linke Bein aus. Dies wiederholen sie einige Male. Diese Übung ist recht schwierig.

5. **Partner-Rollen:** Die Partner legen sich Kopf an Kopf auf den Rücken, fassen sich über Kopf an den Händen und rollen seitwärts über das Spielfeld.

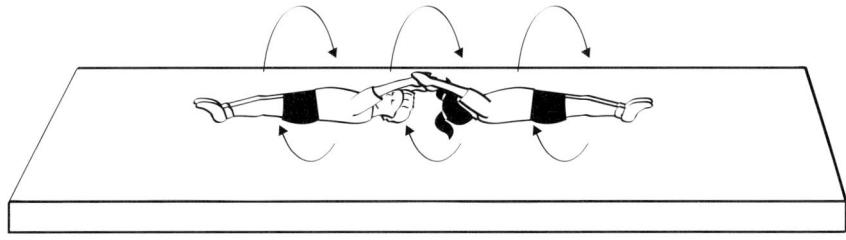

6. **Heb den Kartoffelsack:** Ein Partner sitzt fest auf dem Boden, hat die Beine angewinkelt und die Arme fest um die Knie geschlungen. Sein Partner geht hinter ihm in die Hocke, steckt seine Hände unter die Achsel des Partners (immer von hinten, niemals von vorne!) und versucht, ihn hochzuheben. Anschließend tauschen die Partner die Positionen. Achtung: den Hebeversuch nur aus der Hocke starten!

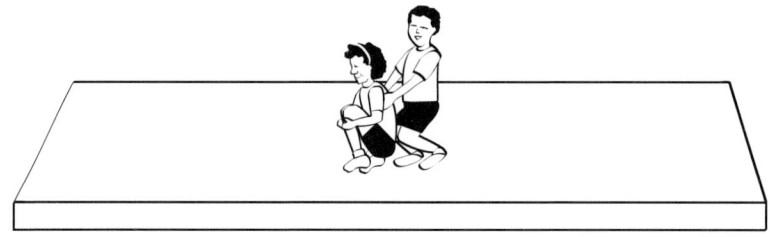

7. **Zusammen aufstehen:** Die Partner sitzen einander zugewandt auf dem Boden und halten sich an den Händen. Die Füße berühren sich, die Knie sind gebeugt. Nun versuchen sie, gleichzeitig aufzustehen, indem sie sich an den Händen ziehen und an den Füßen abdrücken.

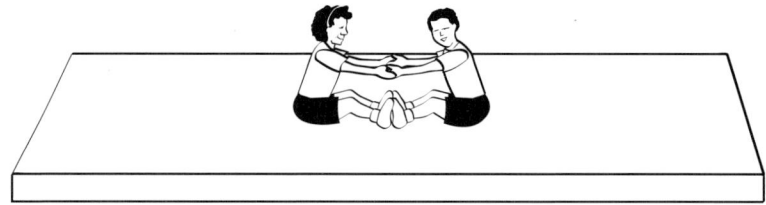

8. **Rücken an Rücken nach oben:** Die Partner sitzen Rücken an Rücken auf dem Boden und lehnen sich gegeneinander. Die Ellenbogen sind jeweils an denen des Partners untergehakt und liegen eng am Körper, die Beine sind angewinkelt. Nun versuchen sie, gleichzeitig aufzustehen, ohne die Ellenbogen zu lösen oder mit den Händen den Boden zu berühren, nur durch gegenseitiges Drücken gegen den Rücken und nach oben.

Zeitlupenabenteuer

Geförderte Fertigkeiten:
Gleichgewicht

Materialien:
keine

Aufstellung:
Gruppen von 4–6 Kindern

JO GEHT EJ:

Sich in Zeitlupe kreativ zu bewegen, fordert Kinder heraus und trainiert ihr Gleichgewicht. Diese Übung spricht statisches und dynamisches Gleichgewicht an und gibt den Kindern Gelegenheit, kreativ zu denken und sich kreativ zu bewegen.

❉ Jede Gruppe denkt sich eine kurze Geschichte oder Handlung aus, die pantomimisch dargestellt werden kann.

❉ Jedes Gruppenmitglied muss stets mit einbezogen werden.

❉ Die Gruppe führt die Bewegung in Zeitlupe durch, und versucht dabei, sich so langsam wie möglich zu bewegen.

❉ Nun können sie entweder ihre Bewegung den anderen Gruppen vorführen oder sich eine neue ausdenken und von vorne anfangen.

KAPITEL 3

Schwebebalkenball

SO GEHT ES:

Dieses Spiel wurde von meinen Schülern erarbeitet. Trotz des Wettbewerbscharakters hatten selbst die größten Sportmuffel viel Spaß an diesem Spiel.

* Ziel ist, den gegnerischen Spieler durch Rollen des Balls aus dem Gleichgewicht zu bringen, sodass er vom Balken steigen muss.

* Dieses Spiel kann immer nur ein Paar gleichzeitig spielen. Stehen nicht genug Schwebebalken zur Verfügung, können die anderen Kinder in der Zeit andere Gleichgewichtsübungen durchführen.

Geförderte Fertigkeiten:
Gleichgewicht, Balance

Materialien:
Schwebebalken oder umgedrehte Turnbank, extragroßer Strandball, großer Plastik- oder Gymnastikball

Aufstellung:
paarweise

* Die zwei Spieler balancieren an den Enden des Balkens, rollen den Ball auf dem Balken hin und her und versuchen dadurch, den anderen Spieler aus dem Gleichgewicht zu bringen.

* Wenn der Ball vom Balken rollt, muss derjenige, der ihn gerollt hat, den Balken verlassen und einem wartenden Kind Platz machen.

* Wer sein Gleichgewicht verliert, muss ebenfalls einem wartenden Kind Platz machen.

* Das Spiel läuft auf diese Art weiter, die Spieler wechseln sich ab.

Menschlicher Hinderniskurs

SO GEHT ES:

* Jede Gruppe bildet eine Reihe aus menschlichen Hindernissen, das heißt, jedes Kind positioniert sich so, dass es ein Hindernis darstellt. Der erste Spieler in der Reihe muss durch, unter oder über jedes Hindernis gelangen.

* Nachdem der erste Spieler den Parcours absolviert hat, stellt er sich als Hindernis ans Ende, und der Spieler, der jetzt als Erstes in der Reihe steht, durchläuft den Kurs.

Geförderte Fertigkeiten:
Gleichgewicht, kinästhetische Warnehmung

Materialien:
keine

Aufstellung:
Teilen Sie die Kinder in 3 kleine Gruppen ein.

Hinweise:

* Die menschlichen Hindernisse können dem Spieler, der sich gerade durch den Parcours bewegt, sagen, wie er das Hindernis überwinden soll, zum Beispiel „Drunterherkrabbeln", „Drüberspringen" und so weiter.

* Legen Sie Wert auf Kreativität, Spaß und Sicherheit, wenn die Kinder ihre Körper zu Hindernissen umfunktionieren.

KAPITEL 3 Gruppengleichgewicht

Geförderte Fertigkeiten:
statisches Gleichgewicht

Materialien:
evtl. Matten

Aufstellung:
4er-Gruppen

SO GEHT ES:

Die Gruppenmitglieder müssen miteinander verbunden sein, wenn sie eine Aufgabe erfüllen.

✳ Die Gruppen sollen eine Gleichgewichtsposition finden, in der insgesamt 10 Körperteile den Boden berühren. Achten Sie darauf, dass die Kinder tatsächlich die Balance halten müssen und nicht einfach auf beiden Füßen stehen.

✳ Anschließend sollen sie die Anzahl der den Boden berührenden Körperteile schrittweise reduzieren. Zuerst sollen sie die Position abwandeln, sodass 9 Körperteile auf dem Boden sind, dann 8 und so weiter. Zwei Körperteile könnte das Minimum darstellen, alleine schon aus Sicherheitsgründen.

✳ Nun sollen die Kinder sich so aufstellen, dass jeder mit einem Gruppenmitglied verbunden ist und nur mit einem Körperteil den Boden berührt. Für einen erhöhten Schwierigkeitsgrad können Sie bestimmen, dass jedes Gruppenmitglied mit einem anderen Körperteil den Boden berühren muss.

Was ist denn da am Schuh?

SO GEHT ES:

* Bestimmen sie 4–5 Fänger, und tauschen Sie sie alle paar Minuten aus.

* Wird ein Spieler gefangen, ist er in etwas getreten. Dann muss er stehen bleiben, vorsichtig einen Fuß fassen und ihn zur Nase führen, um festzustellen, was denn da am Schuh klebt.

* In dieser Position müssen sie 3 Sekunden verharren, danach dürfen sie weiterlaufen.

* Wahrscheinlich werden es nicht alle Kinder schaffen, den Fuß bis zur Nase zu führen oder 3 Sekunden in dieser Position auszuharren. Hier sind Zugeständnisse und Mutmachen gefragt. Jeder soll sein Bestes geben.

Geförderte Fertigkeiten:
Gleichgewicht, Laufen

Materialien:
Parteibänder/Trainingswesten, um die Fänger zu kennzeichnen

Aufstellung:
Etwa 4 Spieler sind Fänger und tragen die Parteibänder, die übrigen Spieler sind verteilt.

Fänger

Bäume im Wind

SO GEHT ES:

Spielen Sie dieses Spiel, wenn die Kinder das Konzept vom Ferse-Zehen-Gehen verinnerlicht haben.

✳ Die Bäume wippen, solange sie in ihrem Ring stehen. Die Fänger dürfen sie so lange nicht jagen.

✳ Wann immer sie wollen, können die Bäume die Winde herausfordern, indem sie von ihrem Ring zu einem anderen rennen. In dieser Zeit können sie gefangen werden.

✳ Die Fänger dürfen außerdem Spieler fangen, die zwar im Ring stehen, aber nicht wippen.

✳ Wird ein Baum gefangen, wird er zu einem gefällten Baum und muss sich dort hinsetzen, wo er gefangen wurde.
Ein anderer Baum kann ihn retten, indem er ihn leicht am Kopf berührt.

✳ Bestimmen Sie nach ein paar Minuten 4 neue Winde (Fänger).

Geförderte Fertigkeiten:
Laufen, Ferse-Zehen-Gang

Materialien:
20 kleine oder Hula-Hoop-Ringe, 4 Parteibänder/ Trainingswesten

Aufstellung:
• *4 Spieler sind Fänger. Sie tragen die Parteibänder und stellen die 4 Winde dar (Nord-, Ost-, Süd-, Westwind).*
• *Die übrigen Spieler sind Bäume. Sie stellen sich in einen Ring und wippen im Stehen von den Fersen auf die Zehen und zurück.*

Hinweis:

Die Fänger dürfen einen Spieler nicht belauern, um ihn zu fangen, sobald er losrennt.

PROFI-TIPP

Kinder sind viel eher bereit, etwas Bestimmtes zu üben, wenn es in ein Spiel integriert wird oder idealerweise sogar das wichtigste Element in diesem Spiel ist. Das Ferse-Zehen-Gehen ist wichtig für das gesamte Gleichgewicht, die Stabilität der Wirbelsäule und den Blutzufluss zum Gehirn. Es steht im Gegensatz zum Zehengang, einem häufigen Problem, das zu Nackenverspannungen führt. In diesem Spiel wippen die Kinder hunderte Male von den Fersen auf die Zehen und haben auch noch Spaß dabei.

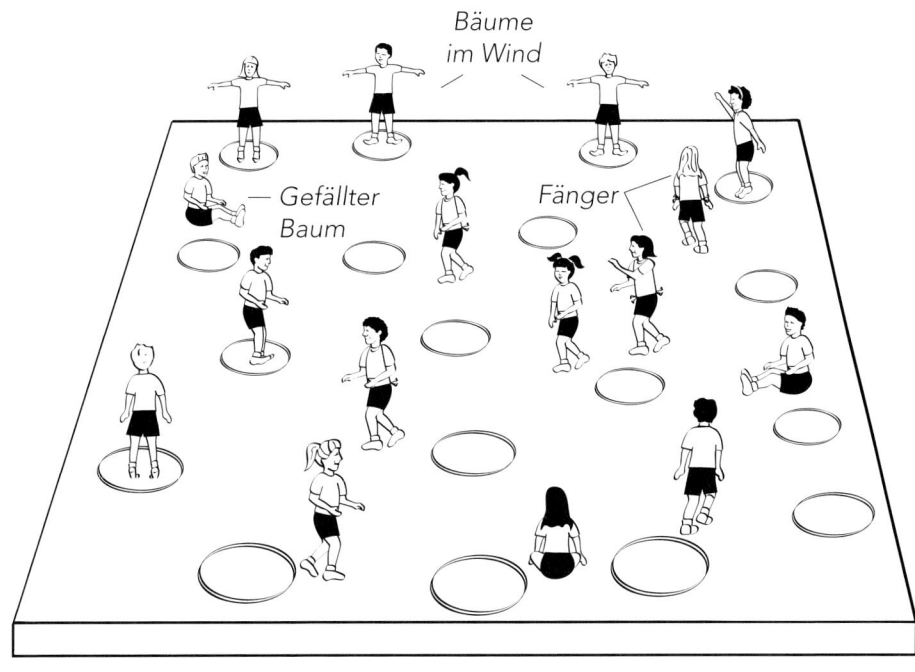

Bäume
im Wind

Gefällter
Baum

Fänger

KAPITEL 3 Kopf-Transporter

SO GEHT ES:

- Die Spieler im Kreis bewegen sich darin frei (schnelles Gehen) und versuchen dabei, das Bohnensäckchen auf dem Kopf zu balancieren.

- Hat ein Spieler das Bohnensäckchen einmal auf dem Kopf platziert, darf er es nicht mehr mit den Händen berühren.

- Die Spieler müssen schnell gehen, sonst ist es zu einfach, das Bohnensäckchen zu balancieren.

- Fällt ein Säckchen, so hebt es sein Besitzer auf, hält es in der Hand und rennt aus dem Kreis.

- Ein Spieler, der sein Bohnensäckchen in der Hand hält, kann von den Fängern gejagt werden. Wird er dann gefangen (angetippt), so muss er dem Fänger sein Bohnensäckchen übergeben.

- Der Fänger begibt sich nun in den Kreis und legt das Bohnensäckchen auf seinen Kopf. Er wird nun zum Bohnensäckchen-Träger.

- Der Spieler, der sein Bohnensäckchen verloren hat, wird nun zum Fänger.

Geförderte Fertigkeiten:
Gleichgewicht, Laufen

Materialien:
etwas weniger Bohnensäckchen als Kinder

Aufstellung:
- Stellen Sie einen Kreis aus Pylonen in der Mitte des Spielfeldes auf.
- Bestimmen Sie 4 Fänger, die außerhalb dieses Kreises stehen.
- Die übrigen Spieler begeben sich in den Kreis und haben je ein Bohnensäckchen auf ihrem Kopf.

Hinweise:

❋ Wenn das Bohnensäckchen anfängt, vom Kopf zu rutschen, darf es nicht zurückgelegt werden.

❋ Die Fänger dürfen einen Spieler nicht belauern, um einen einfachen Fang zu haben, wenn dieser Spieler sein Bohnensäckchen verliert.

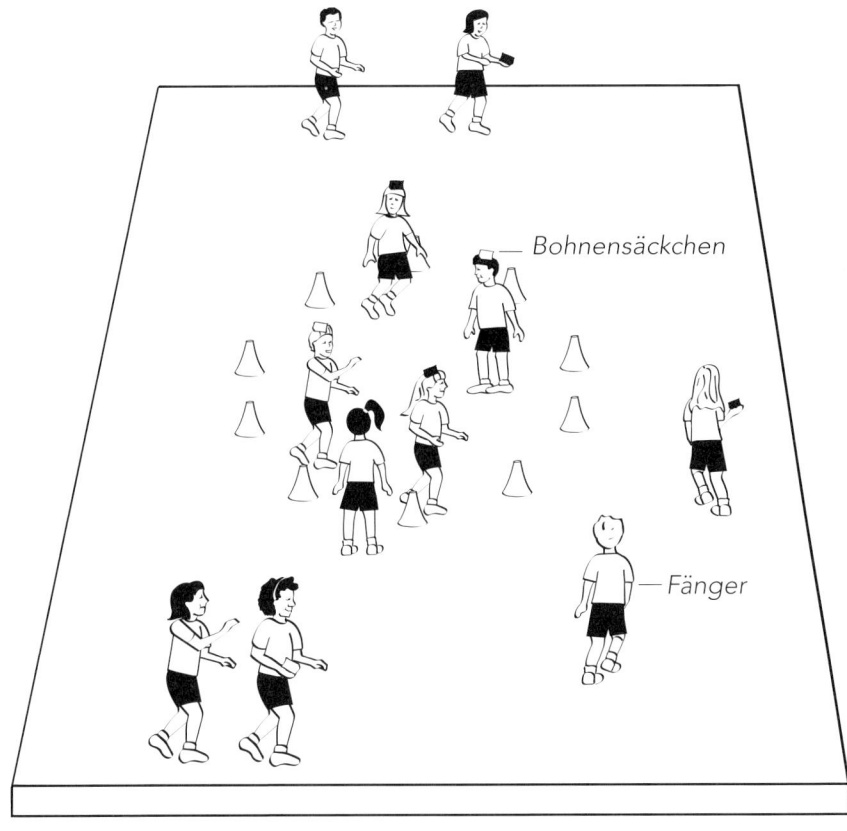

Bohnensäckchen

Fänger

KAPITEL 3 Affenjäger

JO GEHT EJ:

* Die Affen stehen auf einer Linie auf einem Bein und berühren mit dem Fuß des anderen Beins das Knie des Standbeins.

* In dieser Position und solange sie auf der Linie bleiben, sind sie vor den Affenjägern sicher.

* Verliert ein Affe das Gleichgewicht (es reicht auch, wenn der 2. Fuß den Boden berührt), muss er sich zu einer anderen Linie begeben. Er kann das auch dann tun, wenn er gerade Lust dazu hat, die Jäger herauszufordern. Allerdings sollte kein Affe ständig herumrennen. Das Hauptziel des Spiels ist, die Balance zu halten.

Geförderte Fertigkeiten:
statisches Gleichgewicht, Laufen

Materialien:
5 Parteibänder/Trainings-westen, Bodenlinien

Aufstellung:
5 oder 6 Spieler sind Fänger und tragen die Parteibänder, die übrigen Spieler sind Affen.

* Ist ein Affe unterwegs zu einer anderen Linie, kann er vom Jäger gefangen werden. Passiert dies, muss sich der Affe in den Mittelkreis setzen (das ist der Affenkäfig) und dort Affenbewegungen machen.

* Die anderen Affen können versuchen, gefangene Affen zu befreien, indem sie zum Käfig laufen und den Gefangenen leicht am Kopf berühren. Der befreite Affe kann sich nun wieder eine Linie suchen.

* Tauschen Sie nach ein paar Minuten die Jäger aus.

Hinweise:

❋ Affen müssen sich eine neue Linie suchen, wenn sie die Balance auch nur ansatzweise verlieren, und dürfen dann nicht auf ihrer Linie bleiben.

❋ Die Affenjäger dürfen einen Affen nicht belauern, um ihn sofort zu fangen, wenn er seine Linie verlassen muss.

Affen

Affenjäger

KAPITEL 3

Blindschleichen, Geier und Mäuse

SO GEHT ES:

Die Hauptaufmerksamkeit gilt in diesem Spiel der Balance-Übung, die gefangene Spieler durchführen müssen.

✱ Die Geier jagen die Mäuse. Ist ein Spieler gefangen, muss er sich in eine Liegestütz-Position begeben und einen Fuß und eine Hand vom Boden heben. Um die Aufgabe etwas schwieriger zu gestalten, sollten Hand und Fuß von gegenüberliegenden Seiten angehoben werden (überkreuz).

✱ Die Blindschleichen schlängeln sich unter einer gefangenen Maus durch, um sie zu erlösen. Ist dies vollendet, darf die Maus weiterrennen.

✱ Bestimmen Sie nach ein paar Minuten neue Geier und Schlangen.

Geförderte Fertigkeiten:

Gleichgewicht, Schlängeln/ Robben, Laufen

Materialien:

4 oder 5 Parteibänder/ Trainingswesten für die Fänger

Aufstellung:

4–5 Fänger (fiese Geier), 1 oder 2 „coole Blindschleichen", die übrigen Spieler sind Läufer (Mäuse).

Kombinierte

Bewegungsübungen

und -spiele

Die Spiele und Übungen in diesem Kapitel umfassen mehr als einen der Bereiche, die in den Kapiteln 1–3 behandelt wurden. Hier werden **lokomotorische, manipulatorische und gleich-gewichtsfördernde Fertigkeiten kombiniert**, um das pädagogische Ziel dieses Buchs zu erreichen.

In diesem Kapitel finden Sie **einige der interessantesten Spiele**. Wenn Sie richtig viel Spaß mit den Kindern haben wollen, probieren Sie die Spiele „Alle für einen" oder „Das 2-Minuten-Spiel".

KAPITEL 4
Bewegtes Gruppenpuzzle

SO GEHT ES:

Diese Übung ist eine Variante des klassischen Gruppenpuzzles aus dem kooperativen Lernen. Sie wurde für den Sportunterricht angepasst.

Geförderte Fertigkeiten:
frei bestimmbar

Materialien:
je nach Übung

Aufstellung:
4 Gruppen mit je bis zu 5 Kindern

* Jede Gruppe soll eine Übung, einen Bewegungsablauf oder eine Figur so gut, wie sie kann, lernen. Jedes Gruppenmitglied versucht, die Übung so auszuführen, wie die Gruppe sie für richtig hält.

* Gruppenmitglieder, die nicht in der Lage sind, die Übung so auszuführen, sollten dennoch in der Lage sein, anderen zu erklären, wie man es macht.

* Nachdem jedes Gruppenmitglied die Übung verinnerlicht hat, bilden Sie neue Gruppen, die aus jeweils einem Mitglied der Ausgangsgruppen bestehen.

* Die Mitglieder der neuen Gruppen bringen der Gruppe nun der Reihe nach die Übung bei, die sie in ihrer Ausgangsgruppe gelernt haben.

* Nummerieren Sie die Ausgangsgruppen, das spart Zeit. Das Kind aus Gruppe 1 erklärt zuerst, danach das Kind aus Gruppe 2 und so weiter.

* Beispiele für Übungen: auf einem Springseil balancieren, auf den Händen balancieren und dabei mit den Beinen eine Hocke-Position einnehmen, Radschlagen, ein Volleyball-Aufschlag.

Erinnerungsreise

SO GEHT ES:

Erklären Sie den Kindern, dass sie nun das Gleiche tun werden, was ihr Verstand tut, wenn er sich an etwas erinnert oder Aufgaben wiederholt.

✳ Die Paare laufen frei durch den Raum und halten 5-mal an einem beliebigen Ort oder Gegenstand an. Bei jedem Halt machen sie eine beliebige Übung, eine bestimmte Bewegung oder eine Figur, die sie selbst bestimmen dürfen.

Geförderte Fertigkeiten:
freie Bewegung, Aufmerksamkeit, Gedächtnis

Materialien:
keine, evtl. Gegenstände nach Wahl

Aufstellung:
paarweise

✳ Nachdem sie fünf Stopps gemacht haben, gehen sie zum Anfang ihres Wegs zurück und wiederholen die Strecke in derselben Reihenfolge und denselben Bewegungen zu jedem Stopp.

✳ Erklären Sie den Kindern, dass das Gehirn sich genau auf diese Weise an Dinge erinnert: indem es denselben Weg von Gedankenverbindungen für ein bestimmtes Ziel entlanggeht.

═ VARIATIONEN:

✳ Die Paare können ihre Erinnerungsreise auch rückwärts ablaufen oder zusätzliche Stopps und Übungen hinzufügen, damit es etwas schwieriger wird.

✳ Legen Sie Spiel- und Sportmaterialien in die Mitte des Raums, die die Kinder in ihre Übungen integrieren können.

✳ Lassen Sie die Kinder aus der Erinnerung heraus die Bewegungen in der richtigen Reihenfolge wiederholen. Erinnern sie sich an alle Gegenstände, die bei der jeweiligen Station lagen?

Teamwork-Ecken

SO GEHT ES:

Wählen Sie einfache Spiele, die die Kinder am besten schon vorher kennen.

✸ Geben Sie den Gruppen 5–10 Minuten an jeder Station.

✸ 4 Beispiele für Teamwork-Spiele:

1. **Luftballontennis** (S. 83)

2. **Kreisball:** Die Kinder sitzen in einem kleinen Kreis mit gespreizten Beinen und versuchen, mehrere Bälle ununterbrochen in Bewegung zu halten, ohne dass die Bälle aus dem Kreis rollen.

3. **Tuchball** (in einfacher Version): 2 Spieler halten die Enden eines großen Handtuchs und katapultieren damit einen Ball zu den anderen Spielern der Gruppe, die ebenfalls mit einem Handtuch versuchen, den Ball zu fangen.

4. **Liegevolleyball** (S. 165)

Geförderte Fertigkeiten:

jede beliebige Fertigkeit, Teamwork

Materialien:

je nach Übung; für die unten stehenden Beispiele: 1 Luftballon, mehrere kleine Bälle, mehrere alte (Hand-)Tücher, 1 mittelgroßer, leichter Ball, 1 Strandball, Matten

Aufstellung:

4 kleine Gruppen, eine in jeder Ecke des Spielfelds

Hinweis:

Sie bieten mit dieser Übung den Kindern innerhalb einer einzigen Stunde vielseitige Trainingsmöglichkeiten. Sie können jedes Mal andere Fertigkeiten in den Vordergrund stellen.

Bewegungs-Memory®

SO GEHT ES:

Diese Übung eignet sich zum Dehnen und Aufwärmen oder, um Fertigkeiten oder Bewegungen kreativ abzuwandeln.

❋ Die Gruppen stehen im Kreis und lassen Platz für Bewegungen.

❋ Bestimmen Sie eine Fertigkeit oder Bewegungskategorie, z.B. Dehnübungen.

❋ Ein Kind jeder Gruppe führt seine Lieblings-Dehnübung vor. Alle anderen Kinder der Gruppe machen diese Übung nach.

Geförderte Fertigkeiten:
Erkunden der Bewegungsfreiheit, Aufmerksamkeit, Sozialkompetenz

Materialien:
je nach Fertigkeit

Aufstellung:
Gruppen zu 5–6 Kindern, die sich im Kreis aufstellen

❋ Das Kind auf der rechten (oder linken) Seite führt nun eine weitere Dehnübung vor, und alle Kinder der Gruppe machen erst diese Übung nach und anschließend die erste noch einmal. So geht es weiter, bis jedes Gruppenmitglied eine Übung vorgeführt hat. Danach können Sie entweder ein anderes Thema vorgeben oder die Übung beenden.

❋ Dieses Spiel eignet sich ebenfalls gut, um Werfen und Fangen mit Bällen, Bohnensäckchen und so weiter zu üben. Sie können die Kinder auch einfach ihre Lieblingsübungen im Kreis machen lassen, das Gedächtnistraining wird auf jeden Fall erfolgen.

Gehirnsport

SO GEHT ES:

Indem sich die Schüler die Ereignisabfolge einer bestimmten Fertigkeit überlegen müssen, stellen sie sich mental auf eine Übung ein, bevor sie sie tatsächlich ausprobieren.

✳ Teilen Sie jeder Gruppe eine bestimmte Fertigkeit zu (Werfen, Fangen, einen Korb werfen, Hampelmänner machen).

✳ Die Gruppe setzt sich hin, und die Mitglieder schreiben gemeinsam auf ein Blatt Papier ganz genau auf, wie diese Handlung von Anfang bis Ende durchgeführt wird. Wichtig dabei ist, dass die Kinder die Fertigkeit zwar grundsätzlich beherrschen müssen, sie aber vor dem Aufschreiben nicht konkret ausprobieren sollen.

> **Geförderte Fertigkeiten:**
> Visualisieren, Verstärkung der neuronalen Bahnen für jede beliebige Fertigkeit
>
> **Materialien:**
> Papier und Stift für jede Gruppe
>
> **Aufstellung:**
> 4er-Gruppen

✳ Wenn die Gruppe nichts mehr hinzuzufügen hat, versucht jedes Mitglied der Reihe nach, die Übung anhand der Aufzeichnungen durchzuführen.

✳ Die Gruppenmitglieder, die zuschauen, passen genau auf, ob das, was der Mitspieler vorführt, mit den Aufzeichnungen übereinstimmt. Anhand ihrer Beobachtungen korrigieren sie ihre Aufzeichnungen oder helfen dem Mitspieler, die Übung richtig zu machen.

✳ Diese Übung zwingt die Kinder, sich bildlich vorzustellen, wie sich ihr Körper bei einer bestimmten Übung bewegt. Dadurch verstehen sie sie automatisch besser. Die Lernerfolge sind überaus positiv.

Drehbuch

KAPITEL
4

SO GEHT ES:

* Lesen Sie die Geschichte vor, und machen Sie nach jedem Abschnitt, Absatz oder Satz, der eine Bewegung beschreibt, eine Pause.

* Die Kinder sollen nun den Abschnitt, den Sie gerade vorgelesen haben, nachspielen.

* Wenn sie fertig sind, versammeln sie sich wieder bei Ihnen, um der Geschichte weiter zuzuhören.

* Die Kinder sollten in der Spielphase die Freiheit haben, sich nach ihren Vorstellungen zu bewegen (solange Sicherheitsaspekte berücksichtigt werden) und Geräusche zu machen, beim Vorlesen sollten Sie aber ihre gesamte Aufmerksamkeit und Konzentration haben. Klären Sie diese Regeln vorab, und achten Sie darauf, dass sie auch eingehalten werden. Akustische und optische Signale helfen.

Geförderte Fertigkeiten:

verschiedene Fortbewegungsarten, allgemeines Koordinationsvermögen, Körperbewusstsein, Vorstellungsvermögen

Materialien:

ein Kinderbuch voll mit Bewegungen zum Nachmachen, alternativ die Bewegungsgeschichten auf S. 170 – 173.

Aufstellung:

keine bestimmte

KAPITEL 4 · Bildhauer

SO GEHT ES:

* Bestimmen Sie einen Spieler zum Bildhauer.

* Die übrigen Spieler sind Tonklumpen, aus denen der Bildhauer eine Skulptur modellieren wird.

* Der Bildhauer bringt die Körperteile der Spieler in die gewünschte Position. Die Spieler sollten die Position halten, bis der Bildhauer sein Meisterwerk vollendet hat.

* Bestimmen Sie einen neuen Bildhauer.

Geförderte Fertigkeiten:
Teamwork, statisches Gleichgewicht

Materialien:
keine

Aufstellung:
Gruppen zu 4–6 Kindern

Hinweise:

* Der Bildhauer darf die Kinder nicht in peinliche Posen bringen.

* Ermutigen Sie den Bildhauer zu Kreativität. Er kann die Kinder sitzen, liegen und knien lassen, nur einfach stehen ist nicht erlaubt.

* Die „Tonklumpen" sollten möglichst kooperativ sein.

Die Skulptur

Bildhauer

Actionabenteuer

JO GEHT EJ:

Wie in den Spielen „Verwandlungen" (S. 46) und „Scharaden" (S. 160) ermöglicht „Actionabenteuer" den Kindern, ihre Freude an Imitation und am Schauspielern auszuleben. In dieser Übung sind die Kinder freier und ununterbrochen in Aktion, außerdem gibt es viel Gelegenheit zur Interaktion, da sie ihre eigenen Interpretationen der Abenteuer darstellen und gleichzeitig die anderen Kinder beobachten.

Geförderte Fertigkeiten:

jede beliebige Fortbewegungsart, freie Bewegungserkundung, Vorstellungsvermögen

Materialien:

keine

Aufstellung:

verteilt

❊ Bestimmen Sie ein kurzes Abenteuer, das die Kinder nachspielen können, als würden sie es tatsächlich erleben. Geben Sie den Kindern alle 30–45 Sekunden ein neues Abenteuer.

❊ Beispiele: durch Treibsand laufen, von Bienen angegriffen werden, mit einem Schiff untergehen, Boxtraining oder mit einem Sandsack boxen, als Katze eine Maus fangen, ein Haus bauen, Waldbrände bekämpfen, zum Mond fliegen, ein Wildpferd reiten, ein spektakuläres Tor schießen, über einen gefrorenen See gleiten

Musikalischer Aufgabenkreis

JO GEHT EJ:

Dieses Spiel bietet ein Höchstmaß an unterschiedlichen Bewegungs-erfahrungen.

* Bilden Sie einen großen Kreis aus Stationen auf dem Spielfeld. Jede Station besteht aus einem Reifen auf dem Boden und 2–3 Aufgabenkärtchen, die darin mit der Vorderseite nach unten liegen.

Geförderte Fertigkeiten:
freie Bewegungserkundung

Materialien:
je nach gewählten Aufgaben, Musik

Aufstellung:
paarweise

* Die Partner traben außen um den Kreis herum, bis die Musik anfängt, zu spielen. In dem Moment suchen sie sich eine freie Station, drehen eine der Aufgabenkarten um und erledigen die Aufgabe zu zweit, bis die Musik stoppt.

* Wenn ein Paar zum zweiten Mal an derselben Station ankommt und sie die gleiche Karte wie vorher umdrehen, dürfen sie die andere Karte nehmen.

* Die Paare müssen die Aufgabe nahe der Station erledigen und dürfen sich nicht über das ganze Spielfeld bewegen.

* Legen Sie alle Materialien, die für die Aufgaben benötigt werden (z.B. Springseile oder Bälle), in die Mitte des Spielfeldes.

* Sie können zum schnelleren Verständnis die Karten zusätzlich mit kleinen Zeichnungen versehen.

* Beispiele für Aufgaben an den Stationen: rollen, zu Statuen werden, im Takt der Musik klatschen, stepptanzen, Ententanz, dribbeln, einen Ballon schlagen, Hula-Hoop-Kreiseln, schnell auf der Stelle laufen, Hampelmänner machen, Bohnensäckchen jonglieren, mit dem Partner seilspringen, den Gang eines Lieblingstieres nachahmen, eine Lieblings-Dehnübung ausführen, eine Lieblingsübung ausführen, springen und drehen

PROFI-TIPP

Sportlehrer und Trainer, die ihre Kinder mehrere Aspekte einer Sportart gleichzeitig trainieren lassen wollen, können aus einer Adaption dieser Übung für ihre Zwecke großen Nutzen ziehen. Mehr als 40 Fertigkeiten können in einer einzigen Einheit trainiert werden. Unterhaltsame Musik bringt den Kindern dabei noch mehr Spaß.

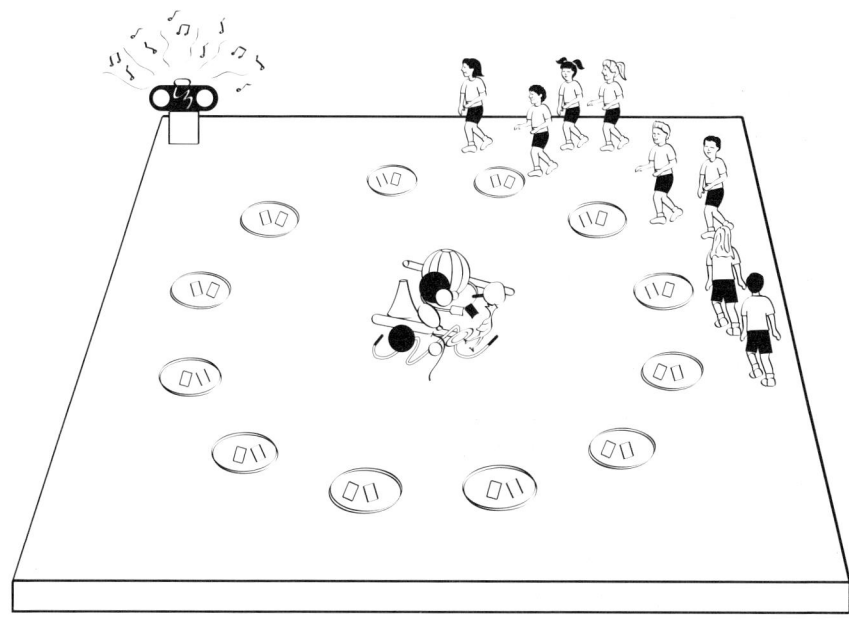

Scharaden

SO GEHT ES:

* Eine Gruppe setzt sich hin. Geben Sie der anderen Gruppe eine Handlung, die sie pantomimisch darstellen soll. Geräusche oder Worte sind nicht erlaubt.

* Die Zuschauer müssen versuchen, zu erraten, was dargestellt wird.

* Die Kinder melden sich, wenn sie glauben, die Lösung zu kennen. Wenn die Scharade nach ein paar Rateversuchen nicht erraten wird, wird die Lösung genannt und die Gruppen tauschen die Plätze. Lassen Sie die neue Gruppe eng um Sie herum stehen, wenn Sie ihnen leise die neue Aufgabe geben. Lassen Sie ihnen ggf. etwas Zeit für eine Beratung.

> **Geförderte Fertigkeiten:**
> verschiedene lokomotorische Bewegungsabläufe, freie Bewegungserkundung, Vorstellungsvermögen
>
> **Materialien:**
> keine
>
> **Aufstellung:**
> Teilen Sie die Kinder in 2 Gruppen ein.

* Beispiele für Scharaden, die Kinder gerne ausführen: Bäume im Wind, ein platter Reifen beim Fahrradfahren, Meereswellen, der letzte Schultag, Tauchen, Schaukeln, beim Picknick Ameisen in der Hose haben, ein Schiff auf dem Wasser, ein Haus bauen, eine holprige Straße befahren, sich von Baum zu Baum schwingen, ein Orchester dirigieren, Fallschirmspringen, eine Schneeballschlacht, schlafwandeln, im Treibsand versinken, der Weihnachtsmann steckt im Kamin fest, einen Löwen zähmen, gegen einen Schneesturm anlaufen, Pizza backen, einen Müllwagen fahren, sich für die Schule fertig machen, beim Fahrradfahren bergab versagen die Bremsen, Fallschirmspringen und auf einem Müllhaufen landen, Hühner füttern und von ihnen angegriffen werden

SO GEHT ES:

* Dieses Spiel wird genau wie das vorhergehende Spiel „Scharaden" gespielt, mit dem Unterschied, dass die Kinder selbst vorgeben, was dargestellt wird.

* Die Vorführungen und das Raten erfolgen innerhalb der Kleingruppen.

* Die Kinder mögen diese Art, Scharaden zu spielen. Da die Gruppen klein sind, können sie öfter vorführen. Außerdem können sie selbst mehr bestimmen und Einfluss nehmen.

Geförderte Fertigkeiten:

verschiedene Fortbewegungsarten, freie Bewegungserkundung

Materialien:

keine

Aufstellung:

Gruppen zu höchstens 3 Kindern

Die Geschichte meines Lebens

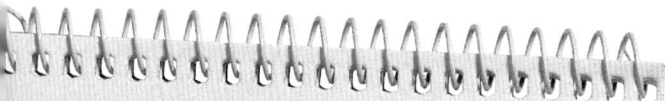

Geförderte Fertigkeiten:

jede beliebige Fortbewegungsart, freie Bewegungserkundung, Vorstellungsvermögen

Materialien:

keine

Aufstellung:

verteilt

SO GEHT ES:

Dies ist eine weitere Lieblingsaktivität meiner Schüler.

✽ Die Kinder sollen sich so verhalten, wie sie glauben, dass sie sich mit 1, 2, 3, 4, 5, 6, oder 7 Jahren verhalten haben.

✽ Pro Lebensjahr haben die Kinder 1 Minute Zeit zum Darstellen.

✽ Die Kinder sollten auch darstellen, was sie in dem Jahr gemacht haben – zum Beispiel mit 4 Jahren Schwimmunterricht angefangen, Ballettstunden mit 5, Fahrrad fahren gelernt mit 3.

SO GEHT ES:

Nennen Sie den Kindern 3 einfache Aufgaben. Innerhalb von 2 Minuten sollen die Kinder die Aufgaben mit möglichst vielen Partnern durchgeführt haben. Beispiele folgen, aber denken Sie sich ruhig eigene Aufgaben aus.

Geförderte Fertigkeiten:
allgemeine motorische Fertigkeiten

Materialien:
(Stopp-)Uhr

Aufstellung:
verteilt

✳ Beispiele:

1. Gebt euch die Hand, krabbelt gegenseitig zwischen den gegrätschten Beinen durch, klatscht euch Rücken an Rücken durch die Beine mit beiden Händen ab.

2. Gebt euch die Hand; macht 2 Hampelmänner; springt in die Luft, und klatscht euch dabei über den Köpfen mit beiden Händen ab.

3. Gebt euch die Hand; dreht euch 2-mal um euch selbst; hakt die Ellenbogen unter und hüpft einmal im Kreis.

4. Gebt euch die Hand, macht 2 Hampelmänner, krabbelt gegenseitig durch die gegrätschten Beine.

5. Gebt euch die Hand; macht 2 Bocksprünge übereinander; springt, und dreht euch dabei um euch selbst.

✳ Jedes Beispiel für eine 3er-Aufgabenkette ist für 2 Minuten gedacht.

✳ Die Kinder sollen zählen, mit wie vielen anderen Kindern sie es in den 2 Minuten geschafft haben, die 3 Aufgaben zu erledigen. Pro Runde dürfen die Kinder nicht 2-mal den gleichen Partner wählen.

✳ Bei jeder neuen Runde sollen die Kinder versuchen, ihren persönlichen Rekord zu überbieten.

KAPITEL 4

Menschliche Maschinen

SO GEHT ES:

Die Gruppen versuchen, sich wie
Maschinen zu bewegen. Dabei
können sie eine Maschine nachahmen, die sie kennen, oder eine
eigene erfinden.

✳ Jedes Gruppenmitglied muss
   mit einem Körperteil eines
   anderen Gruppenmitglieds
   verbunden sein.

✳ Alle Gruppenmitglieder müssen
   sich bewegen (vorzugsweise
   alle auf eine andere Art).

✳ Sie müssen zusammen als Team arbeiten,
   Vorschläge diskutieren und einander zuhören.

Geförderte Fertigkeiten:
*freie Bewegungserkundung,
Teamwork*

Materialien:
keine, evtl. Matten

Aufstellung:
Gruppen zu 4 oder 5 Kindern

Hinweise:

✳ Greifen Sie ein, wenn es gefährlich werden könnten.

✳ Erinnern Sie die Kinder daran,
   viele Körperhaltungen, wie
   sitzen, liegen oder knien,
   auszuprobieren. Erlauben
   Sie ihnen nicht, aufein-
   anderzuklettern – also
   keine Pyramiden-
   Kunststücke.

Liegevolleyball

SO GEHT ES:

* Die Kinder auf den Matten versuchen, den Ball mit den Füßen zu treffen, indem sie in die Luft treten, mit dem Rücken aber auf dem Boden bleiben.

* Ziel des Spiels ist, den Ball so lange wie möglich in der Luft zu halten.

* Die Spieler, die im Außenkreis stehen, unterstützen die Mitspieler auf den Matten. Wenn der Ball über den Kreis hinausfliegt, schlagen sie ihn zurück in die Mitte. Dazu sollten sie beide Hände benutzen, damit der Ball gezielt über der Matte herunterfällt und ihn die liegenden Spieler gut mit den Füßen treffen können.

Geförderte Fertigkeiten:

Teamwork, Schießen und Schlagen eines Balls

Materialien:

1 großer Strandball oder Airball, 2 Sportmatten

Aufstellung:

* Legen Sie 2 Matten in die Mitte des Spielfelds. Die Hälfte der Spieler liegt im Kreis auf dem Rücken und mit den Füßen zur Mitte auf den Matten.
* Die übrigen Spieler stehen im Kreis etwa 2 Schritte entfernt um die Matten herum.

* Nach ein paar Minuten tauschen die Spieler die Plätze.

* Es gibt keine Punkte, da kein Wettbewerb herrscht. Ziel des Spiels ist einfach, daran Spaß zu haben.

Hinweis:

Die Spieler auf den Matten können ihre Gesichter vor dem Ball schützen, indem sie die Hände hinter dem Kopf aufstellen, sodass die Ellenbogen das Gesicht überragen und somit den Ball vor dem Gesicht abwehren.

Alle für einen

SO GEHT ES:

Dieses Spiel regt die Kinder sehr erfolgreich zu kooperativem Verhalten und positivem Sozialverhalten an.

❋ Der Startspieler schießt den Ball möglichst hoch.

❋ Die übrigen Spieler versuchen, den Ball in der Luft zu halten, bis der Startspieler die drei Hindernisse überwunden hat und zum Ausgangspunkt zurückgelaufen ist.

❋ Schafft er das, bekommt die gesamte Gruppe einen Punkt, und der nächste Spieler ist an der Reihe.

❋ Jeder Spieler bekommt einen zweiten Versuch, falls beim ersten etwas schiefgeht (z.B. die Gruppe lässt den Ball fallen, oder der Abstoß misslingt).

❋ Das Spiel endet, wenn jeder Spieler einmal Startspieler war oder wenn keine Zeit mehr übrig ist.

Geförderte Fertigkeiten:
Teamwork, Schlagen eines Balls, Auge-Hand-Koordination, freie Bewegungserkundung

Materialien:
1 Strandball, 2 Pylonen, 3 Hindernisse (z.B. eine Reihe aus Pylonen für einen Slalom, Reifen zum Durchhüpfen, ein Tunnel zum Durchkriechen)

Aufstellung:

• Ein Spieler steht mit einem Strandball an einem Ende des Parcours, zwischen den beiden Pylonen.
• Die übrigen Spieler verteilen sich über das Spielfeld vor dem Spieler und erwarten seinen Abstoß.
• Die 3 Hindernisse werden gegenüber dem Startspieler aufgebaut.

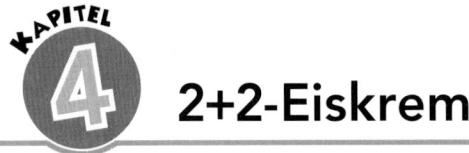

2+2-Eiskrem

SO GEHT ES:

Dieses Spiel ist eine weiterentwickelte Version eines der Spiele, die meine Schüler während einer zweiwöchigen Spiele-Erfinde-Phase erstellt haben. Es ist ein wunderbares Beispiel für die Kreativität von Zweitklässlern.

✳ Die Fänger versuchen, mit der Schaumstoffnudel die Hand eines Spielers zu berühren, entweder die Hand, die den Ball hält, oder die Hand mit dem Bohnensäckchen darin.

✳ Berührt der Fänger die Hand mit dem Ball, stellt der Fänger dem Spieler eine einfache Rechenaufgabe (z.B. 10 – 7, 2 + 17).

✳ Trifft der Fänger die Hand mit dem Bohnensäckchen, nennt der Spieler ein zusammengesetztes Nomen (z.B. Eiskrem, Gummiband).

Geförderte Fertigkeiten:
kreatives Denken, Laufen

Materialien:
4 kleine Schaumstoffnudeln oder PET-Flaschen, für die übrigen Kinder Tennisbälle und Bohnensäckchen (oder andere Gegenstände, die die Kinder beim Spielen in der Hand halten können)

Aufstellung:
• 4 Fänger bekommen die Schaumstoffnudeln (oder leere PET-Flaschen).
• Die übrigen Spieler rennen umher und haben je einen Tennisball und ein Bohnensäckchen in der Hand.

✳ Schafft der Spieler es nicht, innerhalb von etwa 10 Sekunden korrekt zu antworten, stellt der Fänger dem Spieler eine einfache sportliche Aufgabe, beispielsweise 5 Hampelmänner, eine Runde Joggen um das Spielfeld oder 5-mal Ententanz.

✳ Bestimmen Sie alle paar Minuten neue Fänger.

5

Bewegungs-Abenteuer

Wenn ich Jugendliche treffe, die in der Grundschule meine Schüler waren, frage ich sie, an was aus dem Sportunterricht sie sich am besten erinnern können. Meistens antworten sie etwas wie „der Tag, an dem wir in Afrika mit Gorillas gerungen haben" oder „wie wir an Gänseflügeln hängend herumgeflogen sind".

Jedes Jahr nach den Ferien präsentiere ich ein neues „erstaunliches und wahres Ferienabenteuer". Nachdem ich die Kinder davon überzeugt habe, dass Lehrer unglaublich interessante und aufregende Ferien haben, erkläre ich ihnen, dass sie die einmalige Gelegenheit haben, alles, was ich in den Ferien erlebt habe, nachzuspielen.

Ziel dieser **Bewegungsgeschichten** ist, eine **größtmögliche Auswahl von lokomotorischen, manipulatorischen und Balance-Erfahrungen** zu bieten, die als Abfolge in eine komplette Action-story eingebunden sind. Die Kinder stellen jede Sequenz in eigener Interpretation dar, es sei denn, es gibt ausdrückliche Anweisungen. Folgend finden Sie zwei der Bewegungs-Abenteuer, aus denen Sie auch leicht eigene Geschichten entwickeln können.

Das erste unglaubliche, wahre Ferienabenteuer

Jede Zeile beschreibt eine Bewegung, eine Übung oder eine Figur, die die Kinder ausführen sollen. Geben Sie ihnen nach jeder Zeile genug (aber nicht zu viel) Zeit für die Aktionen. Erzählen Sie die Geschichte mit Schwung, aber achten Sie auch darauf, dass die Aktion nicht aus dem Ruder läuft.

Springseile, Schaumstoffbälle und Reifen legen Sie vorab bereit. Viel Spaß.

❋ Ich hatte Lust, joggen zu gehen.

❋ Leider begann ich zu schnell, sodass ich einen Krampf in den Beinen bekam.

❋ Also musste ich mich dehnen.

❋ Ich fing wieder an, zu joggen, aber meine Beine waren noch etwas steif, und ich hatte Mühe, das Gleichgewicht zu halten.

❋ Daher legte ich mich hin, streckte die Beine in die Luft und schlief so ein.

❋ Ich wachte auf, war total steif und musste gebückt wie ein Gorilla nach Hause gehen.

❋ Ein Krankenwagen fuhr vorbei. Die Ärzte dachten, ich wäre verrückt und brachten mich ins Irrenhaus.

❋ Da ich nicht verrückt bin, konnte ich fliehen, indem ich mich unter allen Betten durchrollte,

❋ über einen hohen Zaun kletterte,

❋ über einen Stacheldrahtzaun sprang und

❋ durch einen Fluss schwamm.

❋ Sie hetzten wilde Hunde hinter mir her.

❋ Aber ich fand ein wildes Pferd auf einer Wiese, sprang auf und galoppierte davon.

❋ Ich galoppierte einen ganzen Tag, bis ich mich in einem großen Wald gründlich verirrt hatte.

❋ Es wurde dunkle Nacht, und ich stieg vom Pferd.

❋ Ich ging alleine weiter. Ich hatte Angst. Ich hörte, wie irgendwelche Tiere über meinen Kopf flogen (*die Kinder können hier Flugbewegungen machen*).

* Etwas huschte vor mir über den Boden,

* und große Frösche sprangen umher.

* Ich entdeckte riesige Krokodile, die aus dem Wasser schauten, mich begutachteten und wieder untertauchten (evtl. Liegestütze).

* Ich konnte nicht aufhören, zu zittern.

* Ich kletterte auf einen Baum, schwang mich an Seilen von Baum zu Baum und entkam.

* Aber dann erwischte ich statt eines Seils eine Schlange und fiel auf die Erde.

* Ich kämpfte mit dieser Riesenschlange (geben Sie den Kindern Springseile).

* Am Ende besiegte ich sie und benutzte sie als Springseil.

* Ich warf die Schlange weg und lief so schnell wie möglich aus dem Wald.

* Ich entdeckte ein Boot in einem Fluss. Ich kletterte hinein und ruderte.

* Am Ufer des Flusses sah ich einige Zelte. Ich betrat eins, und die Leute im Zelt gaben mir Essen und verrieten mir, dass sie zu einem fahrenden Zirkus gehörten.

* Ich musste ihnen alle Turnübungen zeigen, die ich kann.

* Ich musste ihnen alle Kunststücke zeigen, die ich mit einem Ball machen kann (geben Sie den Kindern Schaumstoffbälle),

* und mit einem Springseil (teilen Sie die Springseile wieder aus)

* und mit einem Reifen (geben Sie den Kindern Reifen).

* Anschließend sollte ich ihnen zeigen, welche Übungen ich mit einem Partner machen kann.

* Sie fanden mich so toll, dass beim Zirkus mitmachen durfte.

* Ich blieb ein paar Tage, aber dann hatte ich keine Lust mehr.

* Deshalb borgte ich mir einen Elefanten und ritt darauf nach Hause.

* Ich kam sicher und gesund zu Hause an.

✳ Alles fing damit an, dass ich Kajak fahren wollte *(die Kinder paddeln)*.

✳ Ein großes Boot schoss an mir vorbei, und ich fiel den Fluss.

✳ Ich schwamm hinter meinem Kajak her, da wurde ich von einem Schwarm wilder Lachse gejagt!

✳ Ich stieg aus dem Wasser und kletterte einen Baum hoch, bis ganz nach oben zur Spitze.

✳ Ein Hubschrauber flog vorbei, ich schnappte mir eine Kufe und flog taumelnd über den Himmel.

✳ Der Hubschrauber landete mitten auf einem Feld, wo gerade das Team von Bayer Leverkusen trainierte *(ggf. durch lokalen Verein ersetzen)*. Ich durfte mitspielen.

✳ Sie meinten, ich wäre nicht gut genug, um mit ihnen zu spielen, und schickten mich weg.

✳ Ich fand ein altes Fahrrad und fuhr damit zum Bahnhof.

✳ Ich stieg in den Zug. Als er losfuhr, merkte ich, dass ich kein Geld dabei-hatte. Man warf mich aus dem Zug.

✳ Ich fiel in Treibsand und fing an, zu versinken.

✳ Ein Pferd kam vorbei, ich hielt mich an seinem Schwanz fest, und es zog mich aus dem Treibsand.

✳ Ich stieg auf das wunderschöne Pferd und galoppierte davon, sprang über Zäune und galoppierte wirklich schnell.

✳ Das Pferd hatte keine Lust, anzuhalten, und galoppierte bis in die Berge, wo es schneite und kalt war.

✳ Ich sprang schließlich vom Pferd und fand ein Snowboard auf dem Boden.

✳ Ich fuhr auf dem Snowboard den Berg hinunter.

✳ Ich stürzte durch ein Loch im Boden in eine unheimliche Höhle.

✳ Die Decke der Höhle war so niedrig, dass ich krabbeln musste.

- Manchmal musste ich mit dem Gesicht nach unten krabbeln, manchmal mit dem Gesicht nach oben und andere Male seitwärts.
- Ich erreichte einen großen hohen Platz in der Höhle, auf dem Höhlenmenschen ihre Kräfte trainierten *(die Kinder machen Liegestütze, Sit-Ups und Übungen, die ihnen zum Thema Krafttraining einfallen).*
- Sie dachten, ich wäre ein Außerirdischer, also verhielt ich mich so.
- Als sie eingeschlafen waren, fand ich einen Ausgang aus der Höhle und rannte durch den Wald davon.
- Ich fand einige wilde Hühner. Ich band ein paar Hühner an meine Knöchel und ein paar Hühner an meine Handgelenke und ließ mich von ihnen nach Hause fliegen.
- Leider wurden sie müde und ließen mich in einen Fluss fallen, mitten in eine Horde Krokodile.
- Ich surfte auf einem Krokodil den Fluss hinunter, bis ich mein Kajak wiederfand.
- Ich paddelte sicher nach Hause.

Widmung/Danksagung

Für Edgar Hoff, meinen eigenen Sportlehrer, dessen Engagement
und beispielhaftes Verhalten uns gezeigt hat, was es heißt,
ein Gentleman zu sein.

Für Elio Becker, den Schwimmdidaktiker, der mich als Kollege,
Mentor und großartiger Freund begleitet hat – für seine unermüdliche
Suche nach den höchsten Standards des Lehrens.

Danke, Elio und Edgar.

Ich danke der Gemeinde Topsfield, in der ich mich als Grundschullehrer
weiterentwickeln konnte.

Dank gilt Carol, für ihre bedingungslose Unterstützung.

Danke an meine Eltern, Arno und Hedy, die unschätzbare Vorbilder sind.

Danke, Lori Greensdale, Roseanne Felago, Shawna Warre und Debbie Hall,
für die Unterstützung bei der Vorbereitung des Buchs.

Dank gilt Richard A. Schmidt für den Austausch über die Jahre,
der mir half, die Schema-Theorie zu verstehen.

Danke an Scott Wikgren und Anne Hall bei Human Kinetics.

Und danke an alle Kinder, die sich in meinem Sportunterricht
wohlfühlen und weiterentwickeln.

Ronald Dienstmann

Literatur- und Internettipps

Literatur

Dordel, Sigrid:
Bewegungsförderung in der Schule.
Handbuch des Sportförderunterrichts.
Verlag modernes lernen, 2003.
ISBN 978-3-8080-0447-0

Häfele, Alexander:
Jeder stark im starken Team. 50 Aktionen und Spiele zur Integrationsförderung für Kinder und Jugendliche.
6–18 J., Verlag an der Ruhr, 2009.
ISBN 978-3-8346-0561-0

Johnson, David W.; Johnson, Roger T.; Holubec, Edythe Johnson:
Kooperatives Lernen – Kooperative Schule. Tipps, Praxishilfen, Konzepte.
Verlag an der Ruhr, 2005.
ISBN 978-3-8346-0021-9

Orlick, Terry:
Zusammen spielen – nicht gegeneinander! 150 kooperative Spiele für Kinder.
3–12 J., Verlag an der Ruhr, 2007.
ISBN 978-3-8346-0247-3

Proßowsky, Petra:
Kinder entspannen mit Yoga.
Von der kleinen Übungen bis zum kompletten Kurs.
5–10 J., Verlag an der Ruhr, 2007.
ISBN 978-3-8346-0291-6

Schmidt, Richard A.; Wrisberg, Craig A.:
Motor Learning and Performance.
Human Kinetics, 2004.
ISBN 978-0-7360-6964-9

Schneider, Monika; Schneider, Ralph:
Bewegen und Entspannen nach Musik. Rhythmisierungen, Bewegung und Ausgleich in Kindergarten und Unterricht.
3–10 J., Verlag an der Ruhr, 2000.
ISBN 978-3-86072-150-6

Stöhr-Mäschl, Doris:
Ruhe tut gut! Fantasiereisen, Bewegungs- und Entspannungsübungen für Kinder.
5–12 J., Verlag an der Ruhr, 2008.
ISBN 978-3-8346-0420-0

Internet*

www.ifp.bayern.de/projekte/laufende/krombholz-motorik2.html
Kurzer Überblick über die motorische Entwicklung bei Kindern.

*Die in diesem Werk angegebenen Internetadressen haben wir geprüft (Stand Dezember 2009). Da sich Internetadressen und deren Inhalte schnell verändern können, ist nicht auszuschließen, dass unter einer Adresse inzwischen ein ganz anderer Inhalt angeboten wird. Wir können daher für die angegebenen Internetseiten keine Verantwortung übernehmen.

Verlag an der Ruhr

Alexanderstraße 54
45472 Mülheim an der Ruhr

Telefon 05 21 / 97 19 330
Fax 05 21 / 97 19 137

bestellung@cvk.de
www.verlagruhr.de

Es gelten die Preise auf unserer Internetseite.

■ **Schwimm-Training –
mehr als nur Bahnen ziehen**

60 neue Spiel- und Übungsformen
Christian Reinschmidt
8–16 J., 102 S., A4, Spiralbindung
ISBN 978-3-8346-0441-5
Best.-Nr. 60441
19,50 € (D)/20,– € (A)/34,20 CHF

■ **Gruppenspiele für viele**

Teamgeist, Kooperation und
Wettkampf mit großen Gruppen
J. D. Hughes
8–14 J., 122 S., A4, Paperback
ISBN 978-3-8346-0438-5
Best.-Nr. 60438
19,80 € (D)/20,35 € (A)/34,70 CHF

■ **Ruhe tut gut!**

Fantasiereisen, Bewegungs- und
Entspannungsübungen für Kinder
Doris Stöhr-Mäschl
5–12 J., 100 S., 16 x 23 cm, Spiralbindung
ISBN 978-3-8346-0420-0
Best.-Nr. 60420
16,80 € (D)/17,30 € (A)/29,50 CHF

■ **Zusammen spielen –
nicht gegeneinander!**

150 kooperative Spiele für Kinder
Terry Orlick
3–12 J., 284 S., 16 x 23 cm, Paperback
ISBN 978-3-8346-0247-3
Best.-Nr. 60247
19,80 € (D)/20,35 € (A)/34,70 CHF

Sport • Spiel • Entspannung